Um milagre chamado Chika

MITCH ALBOM

Um milagre chamado Chika

Uma história real sobre
uma garotinha, um terremoto e o
verdadeiro significado de família

Título original: *Finding Chika*
Copyright © 2019 por ASOP, Inc.
Copyright da tradução © 2021 por GMT Editores Ltda.

Todos os direitos reservados. Nenhuma parte deste livro pode ser reproduzida sob quaisquer meios existentes sem autorização por escrito dos editores.

Todas as fotografias são cortesia do autor, exceto: fotografia do capítulo 6 – cortesia de Kathleen Domish.

Agradecimento especial pela autorização para a reprodução do trecho: "The End", do poema "NOW WE ARE SIX", de A. A. Milne, copyright © 1927 por Penguin Random House LLC. Copyright © renovado em 1955 por A. A. Milne. Usado com a permissão da Dutton Children's Books, um selo da Penguin Young Readers Group, uma divisão da Penguin Random House LLC. Tradução livre. Todos os direitos reservados.

tradução: Fernanda Abreu
preparo de originais: Beatriz D'Oliveira
revisão: Ana Grillo e Hermínia Totti
diagramação: Valéria Teixeira
capa: Renata Vidal
imagem de capa: Lisa Glanz/ Creative Market
impressão e acabamento: Cromosete Gráfica e Editora Ltda.

CIP-BRASIL. CATALOGAÇÃO NA PUBLICAÇÃO
SINDICATO NACIONAL DOS EDITORES DE LIVROS, RJ

A297m

Albom, Mitch, 1958-
    Um milagre chamado Chika / Mitch Albom ; tradução Fernanda Abreu. - 1. ed. - Rio de Janeiro : Sextante, 2021.
    240 p. : il. ; 21 cm.

    Tradução de: Finding Chika
    ISBN 978-65-5564-144-8

    1. Chika, 2010-2017. 2. Crianças adotadas - Biografia. I. Abreu, Fernanda. II. Título.

21-68591   CDD: 920.854
                                CDU: 929-058.865

Meri Gleice Rodrigues de Souza - Bibliotecária - CRB-7/6439

Todos os direitos reservados, no Brasil, por
GMT Editores Ltda.
Rua Voluntários da Pátria, 45 – Gr. 1.404 – Botafogo
22270-000 – Rio de Janeiro – RJ
Tel.: (21) 2538-4100 – Fax: (21) 2286-9244
E-mail: atendimento@sextante.com.br
www.sextante.com.br

Às crianças do
Orfanato Have Faith Haiti,
que todos os dias nos mostram a
incrível resiliência da infância.

Quando eu tinha Um ano
Meu mundo não tinha plano.

Quando eu tinha Dois
Tudo viria depois.

Quando eu tinha Três
A vida era só talvez.

Quando eu tinha Quatro
Vivia fazendo teatro.

Quando eu tinha Cinco
Esperava com afinco.

Mas agora eu tenho Seis,
e chegou a minha vez.
Então acho que vou ter essa idade
até quando der vontade.

A. A. MILNE

Um

I

Nós

– Tio Mitch, por que você não está escrevendo?

Chika está deitada no carpete do meu escritório. Ela se vira de costas. Fica brincando com os próprios dedos.

Ela vem sempre no início da manhã, quando a luz ainda está fraca na janela. Às vezes traz uma boneca ou um estojo de canetinhas coloridas. Outras vezes é só ela. Vem usando seu pijama azul, com um desenho do My Little Pony na camisa e uma calça estampada de estrelinhas. Antes, Chika gostava de escolher suas roupas todo dia de manhã, depois de escovar os dentes, de combinar as cores das meias e das camisetas.

Mas agora ela não faz mais isso.

Chika morreu na primavera passada, quando as árvores do nosso quintal estavam começando a florir como estão florindo agora, já que é primavera outra vez. Sua ausência nos tirou o ar, o sono e o apetite. Minha esposa e eu passávamos longos períodos com o olhar perdido até alguém dizer alguma coisa que nos fazia despertar.

Então, um belo dia de manhã, Chika reapareceu.

– Por que não está escrevendo? – ela torna a perguntar.

Estou com os braços cruzados. Encaro a tela vazia.

Sobre o quê?

– Sobre mim.
Vou escrever.
– Quando?
Em breve.
Ela produz um som de *grrr*, como um tigre de desenho animado.
Não fique brava.
– Hmpf!
Não fique brava, Chika.
– Hmpf!
Não vá embora, tá?
Ela tamborila com os dedinhos na mesa, como se precisasse pensar antes de decidir.
    Chika nunca fica muito tempo. A primeira vez que ela apareceu foi oito meses depois de morrer, na manhã do enterro do meu pai. Eu saí para olhar o céu. E de repente ali estava ela, ao meu lado, se segurando no guarda-corpo da varanda. Sem acreditar, chamei seu nome – Chika? – e ela se virou, então eu soube que ela conseguia me escutar. Falei depressa, pensando que aquilo fosse um sonho e que ela pudesse sumir a qualquer momento.
    Isso foi antes. Agora, quando ela aparece, eu fico calmo. Digo "Bom dia, linda", e ela diz "Bom dia, tio Mitch", e se senta no chão ou na sua cadeirinha que eu nunca tirei do meu escritório. A gente se acostuma com tudo na vida, eu acho. Até com isso.

– Por que você não está escrevendo? – repete Chika.
Me disseram que eu deveria esperar.
– Quem disse?
Amigos. Colegas.
– Por quê?
Eu não sei.
É mentira. Eu sei, sim. *Você precisa de mais tempo. Ainda*

é muito recente. Você está abalado demais. Pode ser que eles tenham razão. Talvez, ao pôr as pessoas que ama no papel, você admita de forma definitiva que elas são reais, e pode ser que eu não queira aceitar essa realidade, a de que Chika se foi, a de que palavras no papel são tudo que resta.

– Tio Mitch, olha pra mim!

Ela rola de costas, para um lado e para o outro.

– *A nonaranha subiu pela parede...*

Dona Aranha, corrijo. O certo é "Dona Aranha".

– Não é, não – diz ela.

Ela tem bochechas rechonchudas, cabelos cheios de trancinhas e os lábios franzidos como se fosse assobiar. Está do tamanho que tinha quando a trouxemos do Haiti, aos 5 anos de idade, e lhe dissemos que iria morar conosco enquanto os médicos cuidavam dela.

– Quando...

– Você...

– Vai...

– Começar...

– A ESCREVER?

Por que isso te incomoda tanto?, pergunto.

– Por causa daquilo – diz ela, e aponta.

Acompanho seu dedo, passando pela minha escrivaninha, por recordações de seu tempo conosco: fotografias, um copo de plástico com tampa, seu pequeno dragão da Mulan, um calendário...

– Daquilo.

O calendário? Leio a data: 6 de abril de 2018.

Amanhã, dia 7 de abril, vai fazer um ano.

Um ano que ela nos deixou.

É por isso que você está desse jeito?, pergunto.

Ela olha para os próprios pés.

– Eu não quero que vocês me esqueçam – balbucia.

Ah, meu amor, isso é impossível, eu digo. Não dá para esquecer alguém que se ama.

Ela inclina a cabeça como se eu não soubesse algo óbvio.

– Dá, sim – diz.

※

Certa noite, logo nos primeiros meses que Chika passou conosco, eu li para ela o livro *Ursinho Pooh constrói uma casa*. Chika adorava que lessem histórias para ela. Ficava aconchegada ao meu lado, com a capa do livro apoiada nas pernas e segurava a página para virá-la antes de eu terminar de ler.

Perto do final dessa história, Christopher Robin diz para Pooh, antes de ir embora: "Promete que não vai se esquecer de mim, nunca. Nem mesmo quando eu tiver 100 anos." Mas o ursinho não promete. Não de cara. Em vez disso, ele pergunta: "E quantos anos eu vou ter?", como se quisesse saber em que está se metendo.

Isso me fez pensar no nosso orfanato no Haiti e em como, assim que algum visitante chega, nossas crianças perguntam: "Quanto tempo você vai ficar?", como se estivessem medindo o afeto que devem demonstrar. Todas elas foram abandonadas em algum momento, todas encararam o portão com lágrimas nos olhos esperando alguém voltar e levá-las para casa. Aconteceu com Chika. A pessoa que a trouxe foi embora no mesmo dia. Então talvez seja disso que ela está falando. Que é possível esquecer quem se ama. Ou pelo menos não voltar para buscá-los.

Torno a olhar para o calendário. Será possível mesmo que já faz um ano desde que ela se foi? Parece que foi ontem. Parece que faz uma eternidade.

Tá bom, Chika, concordo com você. Vou começar a escrever.

– Êêê! – exclama ela, agitando os punhos fechados.

Com uma condição.

Ela se aquieta.

Você tem que ficar aqui enquanto eu estiver escrevendo. Tem que ficar comigo, tá?

Sei que ela não pode fazer o que estou pedindo. Mesmo assim eu peço. É tudo que nós queremos, minha esposa e eu, desde que Chika se foi: estar no mesmo lugar que ela, o tempo todo.

– Me conta a minha história – pede Chika.

Aí você fica?

– Eu vou tentar.

Tudo bem, eu digo. Vou te contar a história de você e eu.

– De nós – diz ela.

De nós, respondo.

Você

Era uma vez o dia em que eu fui ao seu país, Chika. Não estava lá no dia em que você nasceu. Cheguei algumas semanas depois, porque uma coisa muito ruim aconteceu. Chama-se terremoto. Um terremoto é quando...

Nós

– ...Tio Mitch, para!
 O que houve?
 – Não fala assim.
 Assim como?
 – Como se eu fosse um bebê.
 Mas você só tem 7 anos.
 – Uh-uhn.
 Você não tem mais 7 anos?
 Ela faz que não com a cabeça.
 Quantos anos você tem?
 Ela dá de ombros.
 O que eu devo fazer?
 – Falar feito adulto. Como você fala com a tia Janine.
 Tem certeza?
 Ela me segura pelos pulsos e guia minhas mãos de volta para as teclas. Sinto o calor das suas mãozinhas e saboreio a sensação. Aprendi que não posso tocar Chika, mas ela pode me tocar. Não sei bem por quê. Eu não entendo as regras. Mas fico grato pelas suas visitas e ávido por qualquer pequeno contato.
 Recomeço.

Você

Eu não estava lá no dia em que você nasceu, Chika. Cheguei ao Haiti poucas semanas depois, para ajudar após um terrível terremoto, e como você me disse para falar feito adulto, então posso dizer que a força sísmica foi suficiente para varrer do mapa, em trinta segundos, quase três por cento da população do seu país. Prédios desabaram. Escritórios ruíram. Casas de família estavam intactas em um instante, e no seguinte eram nuvens de fumaça. Pessoas morreram e foram soterradas pelos escombros, e muitas só foram encontradas semanas mais tarde, com a pele coberta de pó cinza. Até hoje nunca conseguiram fazer uma contagem exata das vidas perdidas, mas foram centenas de milhares. Isso representa mais gente morta em menos de um minuto do que em todos os dias da Revolução Americana e da Guerra do Golfo somados.

Foi uma tragédia em uma ilha que conhece bem as tragédias. O seu país, o Haiti, é o segundo mais pobre do mundo, e tem uma história de miséria e de muita morte, morte do tipo que chega cedo demais.

Mas lá é também um lugar de muita felicidade, Chika. Um lugar de beleza, de alegria e de uma fé inabalável, e de crianças: crianças que, quando chove, dão-se os braços e dançam livremente, depois se jogam no chão, gargalhando, como se não soubessem o que fazer com tanta alegria. Você já foi feliz lá desse jeito, mesmo sendo muito pobre.

◊

A história do seu nascimento me foi contada assim: no dia 9 de janeiro de 2010, você veio a este mundo em uma casa de dois cômodos feita de blocos de concreto ao lado de um pé de fruta-pão. Não havia nenhum médico presente. Uma parteira chamada Albert ajudou você a sair da barriga da sua mãe. Segundo todos os relatos, você nasceu saudável, chorava quando devia chorar, dormia quando devia dormir.

E no seu terceiro dia de vida, em 12 de janeiro, em uma tarde quente, você estava dormindo no peito da sua mãe quando o mundo se sacudiu como se houvesse um trovão debaixo da terra. Sua casa de concreto tremeu, o telhado desabou e a estrutura rachou como se fosse uma noz, deixando vocês duas a céu aberto.

Talvez Deus tenha prestado muita atenção em você, Chika, porque Ele não a levou naquele dia, tampouco levou sua mãe, muito embora tenha levado tantos outros. Sua casa ficou destruída, mas vocês duas saíram ilesas – desabrigadas, mas ilesas. À sua volta, pessoas corriam, caíam, rezavam e choravam. Árvores jaziam derrubadas. Animais se escondiam.

Naquela noite vocês dormiram no canavial, em uma cama feita de folhas, debaixo das estrelas, e dormiram ali por muitos dias depois disso. De modo que você nasceu no solo do seu país, Chika, com toda a sua fúria e beleza, e talvez por isso também às vezes exibisse a mesma fúria e fosse tão bela.

Você é haitiana. Embora tenha vivido nos Estados Unidos e morrido nos Estados Unidos, você sempre foi de outro lugar, assim como é agora, mesmo estando sentada aqui comigo.

Nós

– Assim está melhor – diz Chika, deitando-se de costas.
Que bom, digo eu.
– Tio Mitch?
Sim?
– Eu sei sobre o *tranbleman tè*.
O terremoto.
– Foi ruim.
É, foi sim.
– Tio Mitch?
Sim?
– Preciso te contar uma coisa.
O quê?
– Eu não posso ficar.

Seus grandes olhos me encaram, e, juro, mesmo se estivesse a mais de um quilômetro de distância, ainda conseguiria vê-los. Dizem que os olhos de uma criança atingem o tamanho definitivo por volta dos 3 anos de idade, e por isso parecem tão grandes em relação ao rosto. Ou talvez esses anos sejam simplesmente tão cheios de maravilhas que a criança não consiga evitar arregalá-los.

Posso continuar?, pergunto. Por enquanto?

Ela franze os lábios e balança a cabeça, como se tivesse acabado de provar um limão azedo. Fazia isso o tempo todo quando estava viva, como se todo pensamento exigisse ser sacudido dentro do seu cérebro.

– Pode continuar – decide ela.

Você

Uma vez, tarde da noite, tia Janine e eu estávamos agachados junto à sua cama e você nos perguntou, bem baixinho:
– Como vocês me encontraram?
Achei a pergunta tão triste que só consegui repeti-la.
– Como te encontramos?
E você disse:
– É.
E nós dissemos:
– Como você veio pra gente, é isso?
E você disse sim outra vez. Mas acho que você queria mesmo perguntar como perguntou, porque a vida antes do orfanato era um borrão na sua memória, como uma floresta tomada pela bruma, então "como vocês me encontraram" faz sentido, porque imagino que você tivesse a sensação de ter sido encontrada.
Mas você nunca esteve perdida, Chika. Quero que saiba disso. Pessoas a amaram antes de nós a amarmos. Sua mãe, Resilia, pelo que me disseram, era uma mulher alta e forte, de rosto largo e expressão severa, como a que você faz às vezes quando não consegue o que quer. Filha de um agricultor que cultivava batata-doce na cidade portuária de Aux Cayes, ela foi para Port-au-Prince quando tinha 17 anos. Gostava de ler e de comer peixe, e vendia

pequenos objetos na rua para ganhar dinheiro. Sua mãe tinha uma amiga chamada Herzulia, e as duas passeavam juntas e riam dos homens, e em algum momento sua mãe se envolveu com um deles, um homem mais velho de olhos tristes chamado Fedner e cujo sobrenome era Jeune, que é o seu sobrenome também. *Jeune* em francês quer dizer "jovem", então o sobrenome combina com você.

Sua mãe e Fedner tiveram duas meninas antes de você, suas irmãs mais velhas, e quando sua mãe engravidou de você, ela disse a Herzulia que seria seu último filho. Juntas, elas escolheram um nome elegante para batizar você, Medjerda, mas em pouco tempo todo mundo estava lhe chamando de Chika. Alguém disse que era porque você era um bebê parrudo. Outra pessoa falou que *Chika* é um apelido carinhoso. Na verdade, não importa. Alguns nomes nos são dados, e outros simplesmente grudam na gente, e Chika foi o seu. E se a sua mãe estivesse certa, se você tivesse sido sua última filha, ela talvez ainda estivesse viva e eu nunca tivesse te conhecido.

Mas ela e Fedner tiveram mais um bebê depois de você, dois anos mais tarde, um menino. Ele chegou no mês mais quente do ano, agosto, nas primeiras horas depois de o sol nascer. A parteira Albert novamente estava presente, mas dessa vez algo deu errado.

O seu irmãozinho sobreviveu.

A sua mãe morreu.

Sei que não faz sentido ter nascimento e morte na mesma cama, Chika, mas foi isso que aconteceu, e essa foi a última vez que você veria sua família de sangue em muito tempo. Depois do enterro, Herzulia levou você embora. Ela disse que sua mãe a tinha escolhido como sua madrinha e insistido: "Se eu morrer, você precisa levar a Chika." Então foi isso que ela fez. Seu pai não se opôs. Ele não ficou com nenhum dos filhos. Talvez estivesse atônito demais com a morte da sua mãe, e literalmente não soubesse o que fazer.

Seja como for, sua irmã mais velha, Muriel, foi morar com uma tia; a mais nova, Mirlanda, com uma amiga da família; e o bebê, Moïse – cujo xará bíblico, Moisés, foi criado por uma princesa egípcia –, foi morar com o irmão da sua mãe em um apartamento apertado que ele dividia com a esposa.

E você foi embora com Herzulia, uma mulher pequena e forte, de voz aguda e esganiçada, que amava muito a sua mãe e chorou o dia do enterro inteirinho. Nessa tarde, ela pegou você e duas mudas de roupas suas, e juntas vocês foram embora na traseira de um colorido ônibus haitiano.

Essas roupas eram tudo o que você tinha da sua primeira casa, Chika. Eu sei que não é muito. Só posso dizer que Deus foi misericordioso ao não deixar você se lembrar desses dias. Sua mãe foi enterrada em uma cova grande junto com outras pessoas, e não existe lápide para ela em lugar nenhum, nada com seu nome escrito que você possa visitar ou junto a que possa rezar, embora sempre possa rezar de onde estiver, isso você aprendeu em seus ensinamentos.

Sua casa seguinte não durou muito tempo. Menos de um ano. Era um apartamento de um cômodo só em um prédio de blocos de concreto que você dividia com a família de Herzulia. Não havia banheiro. À noite, quando a energia era desligada, reinava uma escuridão completa, e pela manhã você levava os lençóis sujos até a laje pela escada, operação perigosa para uma criança que ainda não havia completado 3 anos. Uma mulher viu você fazendo isso e ficou preocupada com a sua segurança. Ela sugeriu a Herzulia que talvez fosse melhor mandá-la para um orfanato. Disse que havia um não muito longe dali, na parte da cidade conhecida como Delmas 33.

Esse é o orfanato que eu administro desde 2010, o ano do

terremoto, o lugar que você chamava de *misyon an*, "a missão", especificamente a Missão Have Faith Haiti – "Haiti tenha fé" –, um terreno retangular atrás de um portão cinza alto na Rue Anne Laramie, uma rua toda esburacada onde, quando chove, a água empoça feito um pequeno lago.

E foi assim, Chika, que o destino começou a aproximar nossas vidas, ou, melhor dizendo, continuou a aproximá-las, já que o Senhor não inventa nada no meio do curso de uma vida.

§

Você se lembra de quando me conheceu? Você às vezes dizia que sim, mas outras vezes eu ficava em dúvida porque você ainda era muito novinha, tinha só 3 anos. Estava com os cabelos cheios de presilhas e laços, e usava um vestido cor-de-rosa escolhido por Herzulia, porque os adultos haitianos que vêm nos procurar muitas vezes pensam que se seus pequenos estiverem bem-vestidos nós ficaremos mais inclinados a aceitá-los. Isso não é verdade, claro. Às vezes parece até incongruente vestir bem crianças que nos estão sendo trazidas pela pobreza. Talvez tenha a ver com orgulho, algo que se deve respeitar, sobretudo em um país estrangeiro, porque nem sempre compreendemos, e houve muitas vezes no Haiti em que eu não compreendi.

Para ser sincero, Chika, nos meus primeiros anos eu não entendia muitas coisas no Haiti, nem no orfanato, nem sobre como fazê-lo funcionar. Todos os dias faltava luz, a água acabava, as entregas de arroz e trigo bulgur eram intermitentes, e nunca tínhamos remédio o bastante. Pessoas contratadas para fazer consertos diziam estar a caminho, mas nunca apareciam. A burocracia, de recibos a documentos oficiais, era toda feita à mão. Eu era escritor de profissão e vivia em Detroit, e embora tivesse supervisionado algumas instituições beneficentes nos Estados Unidos, no Haiti muitas vezes me sentia tentando ler instruções de montagem em outro idioma.

Para completar, tia Janine e eu não tínhamos filhos. Portanto, apesar do meu entusiasmo, eu era inexperiente em relação ao universo infantil. Me atrapalhava com minúsculos zíperes e botões. Reagia com exagero toda vez que alguma criança vomitava. Gaguejava ao explicar a puberdade para nossos meninos.

Mas uma coisa eu sabia: quando crianças eram trazidas até o nosso portão, eu precisava ver além da aparência, porque elas eram muitas, havia muita necessidade, e para cada criança a quem podíamos dizer sim, até hoje, há mais dez a quem não podemos. A maioria dos haitianos vive com menos de dois dólares por dia, e muitos não têm energia elétrica nem água limpa e precisam cozinhar com carvão. Para cada mil bebês que nascem, oitenta morrem antes de completar 5 anos.

Garantir a segurança e o sustento das crianças é uma prioridade desesperadora para muitos haitianos, Chika. Um lugar como o nosso pode oferecer essa esperança. Talvez por isso apareça tanta gente. E quando as pessoas vêm, eu preciso fazer perguntas. Perguntas do tipo: como as crianças vivem? O que elas comem? Que condições difíceis as trouxeram até nós?

Você precisa saber que, quando eu pergunto essas coisas, o adulto às vezes começa a chorar. Uma mãe de 20 e poucos anos foi nos procurar com uma gravidez tão avançada que eu pensei que fosse dar à luz na minha sala. Ela já tinha um filho de uns 4 anos, que estava em pé ao seu lado, e um bebê no colo. Implorou para ficarmos com os dois, porque não tinha dinheiro, nem emprego, nem casa, nem comida para alimentá-los. Quando perguntei como ela iria sustentar o bebê que estava esperando, ela exclamou: "*Ou mèt pran li tou*", pode ficar com ele também.

Ela não estava sendo cruel. Acredito que amasse os filhos, tanto que desejava uma vida mais segura para eles, mesmo que isso significasse não poder mais vê-los todos os dias. É preciso uma força especial para cuidar de uma criança, Chika, e uma força totalmente diferente para admitir que não consegue.

Talvez tenha sido isso que Herzulia sentiu quando nos trouxe você. Ela disse que já tinha três filhos e nenhum dinheiro. Enquanto conversávamos, você ficou observando em silêncio, e Herzulia de vez em quando ajeitava o seu vestido.

O que mais me lembro é do seguinte: depois de um tempo, você cruzou os braços como se estivesse ficando impaciente, e eu olhei para você e você me olhou de volta, e eu mostrei a língua e você mostrou a sua, e eu ri e você também riu.

A maioria das crianças que chegam aqui na nossa missão se mostram tímidas e nervosas, e quando as encaramos elas desviam o olhar. Mas você olhou nos meus olhos desde o primeiro instante.

E muito embora eu soubesse bem pouco sobre você, Chika, pude perceber que era corajosa, e soube que ser corajosa ajudaria você nesta vida.

Eu mal sabia quanto.

Nós

– Espera, tio Mitch.

Sim?

– Tenho uma pergunta.

Está bem.

Ela pousa as mãos na minha escrivaninha e empurra.

– Quando eu cheguei no orfanato, eu chorei?

Não.

– Eu fiquei com raiva?

Acho que não. Por que você ficaria com raiva?

– Porque eu era muito pequena! – exclama ela, como se fosse óbvio. – E tive que ir embora!

Está com raiva disso agora?

– Não. – Ela desvia o olhar. – Eu não fico mais com raiva.

Isso me entristece, porque o pavio curto de Chika sempre foi uma de suas características mais cativantes. Ela cruzava os braços, virava as costas e enterrava o queixo bem fundo no peito. Se eu me aproximasse pela direita, ela girava para a esquerda; se eu me aproximasse pela esquerda, girava para a direita. Quando eu me agachava na sua frente e a segurava pelos ombros, era obrigado a reprimir um sorriso. Que cara emburrada! Embora fosse apenas uma criança, Chika já havia aperfeiçoado a expressão de um homem de meia-idade em uma comprida fila de banco.

Está mais feliz agora que não fica mais com raiva?, perguntei.

– Às vezes eu sinto falta.

Quando?

– Tipo, lembra de quando eu gritava, e você e a tia Janine me diziam: "Chika, não pode gritar com os outros"?

É nessas horas que você sente falta de ficar com raiva?

– Eu não sinto falta de ficar com *raaaaiva* – diz ela, arrastado. – Sinto falta de vocês me dizendo para *não* ficar.

Engulo em seco, como muitas vezes fazia quando ela estava viva, quando sua sabedoria inesperada me pegava desprevenido.

– Tio Mitch?

Sim?

– Eu era a sua criança preferida no Haiti?

A pergunta me faz sorrir. O fato é que, desde o dia em que a aceitamos no orfanato, Chika se revelou uma espoleta mandona que em pouco tempo já estava comandando as outras crianças feito um sargento do exército, inclusive as mais velhas, dizendo-lhes quem deveria sair primeiro nas corridas de revezamento, com que boneca cada um deveria brincar, onde fazer a fila para ir ao banheiro. Sua voz era forte e ela era teimosa, e acho que algumas das crianças mais tímidas tinham pavor dela. Gostaria de saber de onde vinha aquela coragem, o que aconteceu antes de nós para torná-la tão ousada. Tudo que sei é que, quando vejo fotos desses primeiros dias, ela muitas vezes está posando com a mão no quadril empinado, sacudindo um dedo, e é quase possível ouvi-la dizer: "Nana-nina-não!"

Vocês são todos meus preferidos, respondo.

– Você sempre diz isso.

Mas é verdade.

Ela rola de bruços e de repente há uma boneca em sua mão. Não sei de onde veio o brinquedo. É uma princesa de vestido azul, cabelos pretos e tiara na cabeça. Ela ajeita os dois braços da boneca para cima, de modo que a princesa pareça estar louvando aos céus.

– Tio Mitch?

Hum?

– Por que você não teve filhos?

Hesito.

Como assim?

– Você disse que as pessoas traziam seus bebês para vocês, mas você e tia Janine não tinham filhos.

Eu estou escrevendo sobre você, Chika. O que isso tem a ver com a sua história?

Suas pálpebras se erguem como uma concha se abrindo. Ela sabe que tem tudo a ver com a sua história.

Eu

Bom. Certo, então. A verdadeira resposta é: por egoísmo. Eu sempre te ensinei a não ser egoísta, Chika, mas isso não quer dizer que eu mesmo não tenha sido. Eu fui muitas vezes, sobretudo quando era mais jovem, e principalmente em relação ao meu tempo. Pensei que ainda tivesse muito pela frente. Achei que formar uma família fosse como um tapete novo que eu podia deixar guardado no armário e desenrolar quando quisesse.

Assim, durante os anos em que namorei, sempre que uma mulher falava demais em ter filhos, eu terminava a relação. Meu foco era a vida profissional de jornalista esportivo, e eu pegava todos os trabalhos que apareciam. Meu único relacionamento mais longo antes de tia Janine chegou a um anel de noivado, mas a mulher mudou de ideia e terminou de uma hora para a outra – para se casar com outro homem –, e depois de alguns meses de mágoa e confusão eu disse a mim mesmo que talvez tivesse sido melhor assim.

Passei meus 20 e poucos anos correndo atrás do sucesso, e estava com 30 e poucos quando conheci tia Janine. Embora tenha me apaixonado profundamente por ela, eu hesitei. Ela era linda, paciente e via o melhor em mim, mesmo quando eu não merecia. Mas quando o assunto era casamento, parte de mim se lembrava do que tinha acontecido antes e me fazia pensar: como posso ter certeza? E se o destino tiver alguma outra coisa reservada para mim? Hoje vejo que isso era só um jeito de continuar com tia Janine sem me comprometer com um futuro. Eu fui egoísta, Chika, e quando finalmente percebi a sorte que tinha por estar com ela, já havia passado muito tempo.

Nós nos casamos sete anos depois de nos conhecermos, quando estávamos os dois com quase 40. Mas mesmo depois do casamento eu adiei começarmos uma família, dizendo que deveríamos aproveitar um pouco o casamento e não fazer nada com pressa. E logo nossa única opção era correr, procurar médicos e tentar ajuda extra para ter um bebê. Só que essas coisas não funcionaram, os anos foram passando, e em pouco tempo ter filhos se tornou improvável e até mesmo perigoso.

Por fim, acabamos nos acomodando em outros papéis: os de tia e tio. Tínhamos no total sete irmãos e irmãs, e eles, no total, tinham quinze filhos. Nós servíamos de babás. Brincávamos. Íamos a reuniões nas escolas de nossos sobrinhos e sobrinhas, levávamos as crianças para jantar e para viajar nas férias. Na véspera de Natal, quando as famílias se reuniam, nós dávamos presentes para todos eles.

Mas na manhã do dia de Natal acordávamos em uma casa silenciosa, e eu às vezes encontrava tia Janine chorando no quarto. Tudo bem não ter filhos se a pessoa não quiser, Chika, mas quando a pessoa quer, a ausência deles pode ser dolorosa. A culpa foi minha. Até hoje sofro por isso. Existem muitos tipos de egoísmo neste mundo, mas o pior de todos é racionar o tempo, porque nenhum de nós sabe quanto nos resta, e supor que teremos mais é uma afronta a Deus.

Nós

– Tio Mitch?
Sim?
– Você pediu desculpas?
Para tia Janine? Muitas vezes.
– Ela disse que desculpava?
Mais ou menos.
– Porque você aprendeu a lição?
Como assim?
– Era o que tia Janine me dizia. "Aprendeu a lição, Chika?" E se eu respondesse que sim, ela dizia: "Então está desculpada. Contanto que você tenha aprendido a lição." – Ela imita a voz da minha esposa. – "Tudo bem, Chika. Eu te amo, Chika." – Chika gosta de repetir a palavra *Chika*.

Acho que aprendi a lição, digo. Ainda estou aprendendo outras.

– Mas você não está na escola!

Não são lições de escola, Chika. Lições sobre o mundo e como viver nele. Você me ensinou algumas.

– Eu?

Ela parece genuinamente surpresa. Leva as mãos ao meu rosto. O calor de seus dedos desperta algo dentro de mim, e apesar de saber que não devo eu pergunto: *Como você está aqui?*

Por alguns instantes ela parece muito séria. Então mostra a língua e faz um barulho de *bl-bl-bl*. Chika ri e tira as mãos do meu rosto. O calor desaparece.

– Me dá um pedaço de papel? – pede ela.

Passo-lhe um bloco pautado.

– E alguma coisa para desenhar?

Passo-lhe uma caneta pilot.

– Tio Mitch? Eu te ensinei mesmo alguma coisa?

Ensinou. Ensinou, sim. Você me ensinou muitas coisas.

– Então toma!

Ela pousa o bloco e a caneta sobre a minha escrivaninha com um estalo. Fala mais alto.

– Agora a professora sou eu! Você tem que escrever o que eu te ensinei! E só pode parar quando tiver terminado! – Ela sacode o dedo como se fosse minha mãe.

Por quê?

– Porque aí eu vou poder ficar.

Espera, respondo. Para sempre?

Mas ela se foi.

Dois

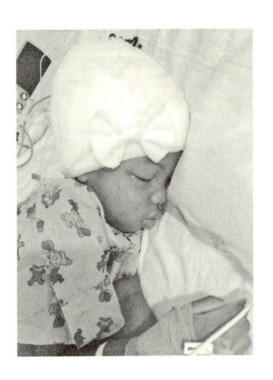

É *agosto de 2013. Faz três anos que administro o orfanato. Temos água corrente, comida saudável e muitas crianças novas. E embora grande parte do Haiti permaneça um mistério para mim, vir aqui todo mês transformou algumas coisas em rotina.*

Eu aterrisso no aeroporto de Port-au-Prince, passo pelo controle de passaportes e depois por uma pequena banda haitiana que toca uma música de boas-vindas. Desço a escada rolante, que como de costume não está funcionando.

Alain Charles, nosso diretor haitiano, está me esperando lá embaixo depois de ter usado sua lábia para conseguir entrar. (A essa altura ele já conhece quase todo mundo que trabalha aqui.) Pegamos as malas e saímos pelas portas, o que é como adentrar um túnel de ar quente. Homens suados em camisas de botão agarram minhas malas e gritam: "Olá, senhor!... Eu ajudo, senhor!" Enfrentamos a multidão para chegar ao carro.

Enquanto serpenteamos pelo tráfego pesado, passamos por pilhas de escombros do terremoto ainda visíveis três anos depois e por pilhas de lixo, algumas queimando. Uma cabra solta. Um cachorro magro. Buracos capazes de engolir um veículo inteiro. Por fim, com um toque de buzina, um segurança abre o portão do nosso orfanato. Nós passamos e tornamos a buzinar.

Eu abro a porta, e o mundo inteiro se modifica.

Ouço o som mais maravilhoso que existe – gritinhos de criança – correndo na minha direção. Elas são lideradas por nossa mais nova recém-chegada, Chika Jeune, que só está no orfanato há poucas semanas. As outras gritam: "Tio Mitch!", mas ela ainda não me conhece muito bem. Mesmo assim, parece decidida a chegar primeiro. As crianças me agarram pelas pernas e pulam na minha cintura, e como ela levanta os braços, eu a pego no colo. Muitas vezes fico surpreso com quão pouco uma criança precisa conhecer você para querer o seu abraço.

– Como vai, Chika Jeune?

Ela não responde. Não sabe falar inglês.

– Sak pase? – tento eu, uma expressão em creole semelhante a "E aí?".

Ela sorri, me segura pelo pescoço e enterra a cabeça no meu ombro.

– Tudo bem – respondo. – Você vai falar depois.

Nós

Chika só volta a me visitar em maio. O aniversário da sua morte chega e passa, e embora recebamos ligações, cartões e e-mails de pêsames de pessoas queridas, a própria Chika não aparece. Todas as manhãs eu desço para o meu escritório e fico parado diante do computador vendo vídeos antigos dela, à espera. Mas ela não aparece.

Às vezes pego a caneta que ela me deixou, ponho o bloco pautado debaixo dela e fico batucando com a ponta tampada. *O que ela me ensinou.* Por onde começar? Não paro de pensar no que ela disse, que ficaria para sempre se eu cumprisse essa tarefa. E embora eu saiba que isso é impossível, não consigo ignorar a tentação. Se eu vou mesmo escrever sobre ela, sobre mim, sobre nós, talvez o jeito seja esse.

Então, por fim, como Chika adorava números, escrevo um número para cada grande lição aprendida. Poderia listar centenas. Paro em sete.

Ela morreu no dia 7.

Tinha 7 anos de idade.

Fico esperando ela voltar.

Finalmente, em uma chuvosa manhã de segunda-feira, Chika reaparece. Está sentada na beirada da minha escrivaninha, com as perninhas penduradas. Fico aliviado ao vê-la, mas digo apenas "Bom dia, linda", como fazia todas as manhãs quando ela estava viva.

– Bom dia, tio Mitch. – Sua voz está rouca, como se ela tivesse acabado de acordar. Ela desce para o chão e começa a procurar a lista.

Senti sua falta, Chika.

Ela não responde, mas posso ver que gosta de ouvir isso. Muitas vezes nós lhe dizíamos "senti sua falta" ou "eu te amo", e em vez de responder ela apenas inclinava a cabeça, como se estivesse observando as palavras flutuarem na sua direção, absorvendo-as como se fossem o sol a bater no seu rosto.

– Escreveu alguma coisa, tio Mitch?

Escrevi.

Aponto para o bloco pautado, e ela se inclina para ver melhor. A primeira linha diz: "Eu sou a sua proteção."

– O que isso quer *dizeeer*? – pergunta ela.

Quer dizer cuidar de uma pessoa, Chika. Proteger contra o perigo. Você conhece essa palavra. *Proteção*.

– Como o leão Aslan? – pergunta ela.

Está se referindo às *Crônicas de Nárnia*. Aslan supostamente é Jesus Cristo. De modo que eu talvez tenha ido um pouco longe demais.

Quase isso, respondo. Estou fazendo uma lista do que você me ensinou. Essa é a primeira coisa importante. Proteção.

Ela cruza os braços.

– Não entendi.

LIÇÃO UM

Eu sou a sua proteção

Bem, vejamos. Você se lembra do dia em que foi tão alto no balanço da missão que quase caiu do assento, e eu a segurei e diminuí a velocidade? Ou quando nós entramos no mar e eu segurei você sob os braços para sua cabeça não ficar debaixo d'água?

Então, Chika, isso é um tipo de proteção. Você provavelmente achava natural que um adulto aparecesse para impedir que coisas ruins acontecessem. Mas para mim isso era novidade. Antes de eu chegar ao Haiti, minha proteção estava toda voltada para tia Janine, para minha carreira e para mim mesmo. Eu protegia nossa saúde. Protegia nosso dinheiro. Protegia meus livros e minha reputação pessoal. Eu disse que tinha sido egoísta, mas não era com isso. Ninguém precisava de mim. Não com aquela necessidade de um recém-nascido chorando, quando a mãe e o pai se dão conta de que tudo depende só deles e todos os outros interesses precisam ser deixados de lado.

Tia Janine e eu nunca passamos por isso, nem com você nem com as outras crianças do orfanato, por mais que as amemos. Nunca pegamos vocês no colo quando ainda estavam molhados e tinham acabado de vir ao mundo, nem torcemos pelos seus primeiros passos, nem preparamos bolsas com fraldas e biscoitos em formato de bichinhos quando viajávamos.

Na verdade, nós só conhecemos a maioria de vocês quando já sabiam andar e falar, e em muitos casos depois de passarem por dificuldades terríveis: de serem abandonados no mato ainda bebês, o que aconteceu com um dos seus irmãos da missão, ou de perderem os pais em um terremoto ou furacão, o que nos trouxe as suas quatro irmãzinhas da missão lá da cidade de Jérémie; algumas das crianças tinham passado meses morando debaixo dos escombros lamacentos de suas casas.

Eu não pude proteger vocês dessas coisas. Mas estava decidido a protegê-los de todo o resto, assim como estava decidido a proteger você. Eu precisava pensar em coisas nas quais nunca tinha pensado antes, como, por exemplo, se os pisos escorregavam, ou se o concreto no qual as crianças jogavam futebol tinha muitos buracos, ou como interceptar brinquedos pequenos que pudessem ser engolidos, ou galões de diesel para o gerador que pudessem cair nas mãos erradas.

Nos primeiros meses, eu achava que bastaria me concentrar mais para proteger vocês de tudo. Mas é como entrar no meio de um enxame de abelhas: quanto mais você espanta os perigos, mais perigos parecem surgir. Conforme fomos aceitando mais crianças, comecei a me preocupar com nosso prédio (que ainda não era à prova de terremotos), com nosso andar de cima (e se alguém caísse?), com nossas caixas-d'água (e se alguma coisa venenosa fosse parar dentro delas?). Era sem fim. Aos poucos, tive que encarar o fato de que não podia controlar tudo, por mais depressa que meus olhos passassem de um lugar para outro. Foi difícil. Eu não gosto muito de estar vulnerável, Chika, nem de confiar no Senhor para cuidar de tudo, muito embora muitos à minha volta no Haiti se sentissem em paz sob a Sua proteção. Proteger nossas crianças se tornou a maior e mais aflitiva prioridade da minha vida.

Mas, como vocês eram todos tão pequenos, eu pensava mais em acidentes e deslizes, não em saúde a longo prazo.

Então um dia, quando eu estava de volta em Michigan, recebi um telefonema do Sr. Alain.

– Sr. Albom, tem alguma coisa errada com a Chika.

– O quê? – perguntei.

– A cara dela. Está caída. E ela está andando de um jeito esquisito.

– Você levou ela ao médico?

– Sim, senhor.

– O que ele fez?

– Passou um colírio para ela.

– Alain, o problema não são os olhos dela. Você consegue encontrar um neurologista?

– O quê, senhor?

– Um médico de nervos.

– Vou encontrar.

Lembro-me de desligar, perturbado, como se alguma coisa ameaçadora estivesse se aproximando, como as trovoadas nas tardes haitianas antes de vir a chuva forte. Nunca tínhamos precisado de um neurologista, Chika. Um dermatologista, sim. Um dentista, claro. Remédio para tosse, remédio para diarreia, Tylenol infantil. Mas um neurologista?

Será que é muito sério?, pensei.

Quando finalmente encontramos um neurologista, ele observou a flacidez da sua boca e do seu olho esquerdo, e viu como você estava mancando de leve. Pediu uma ressonância magnética. Na época só existia um aparelho de ressonância magnética em todo o Haiti, e cada exame custava 750 dólares em dinheiro vivo.

O Sr. Alain levou você até lá. Vocês partiram antes de o sol nascer. Seis horas depois, uma enfermeira por fim chamou seu nome. Ela lhe deu um xarope que fez você dormir. Você foi posta dentro de um grande tubo, onde ondas de rádio e um campo magnético foram criados em volta da sua cabeça. O resultado mostrava imagens de você por dentro.

E embora o que eu teria dito fosse que por dentro você era carinhosa, curiosa, confiante e engraçada, Chika, a análise da ressonância magnética foi mais clínica:

"A criança tem uma massa no cérebro. Não sabemos o que é. Mas, seja lá o que for, não há ninguém no Haiti que possa ajudá-la."

Eu li isso.

E tudo que eu sabia sobre proteção mudou.

Nós

– Tio Mitch?
Sim?
– A bebida era doce.
Que bebida?
– A que a enfermeira me deu. Me deixou com sono.
Foi por isso que você tomou.
– Mas eu acordei.
Dentro do aparelho?
– É. Comecei a chorar.
Você acordou dentro do aparelho de ressonância magnética? O que houve?
– Eles fizeram eu beber mais. Aí eu dormi outra vez.

Balanço a cabeça. É uma loucura comparar o sistema de saúde dos Estados Unidos com o do Haiti. Os desafios para médicos e enfermeiros são quase inimagináveis, a pobreza, a desnutrição, a falta de acesso dos pacientes a saúde ou educação. Mesmo assim, lembro-me de ter ficado chocado com a frieza do laudo da ressonância de Chika: *Seja lá o que for, não há ninguém no Haiti que possa ajudá-la.* Aquilo me pareceu menos um diagnóstico e mais uma rendição.

– Tio Mitch?

Sim?

Ela se encosta na minha perna. Por instinto, estendo a mão para segurar seus ombros, mas meus dedos passam direto através deles. As regras do jogo. Eu vivo esquecendo.

– Me conta sobre quando eu vim para os Estados Unidos.

Você

Está bem. O que eu me lembro é o seguinte: você foi a primeira criança que já trouxemos para este país, e no dia da sua partida as outras crianças da missão fizeram fila para lhe dar um abraço. Ficaram acenando enquanto o carro saía pelo portão. Imagino que algumas achassem que nunca mais fossem ver você.

Acompanhada pelo Sr. Alain, você voou até Miami e de lá até Detroit, usando um suéter branco, apesar de ser junho. No primeiro banheiro americano que entrou, você abriu a torneira e tirou as mãos depressa, porque nunca tinha sentido água quente em uma pia. Então, antes mesmo de passar uma noite aqui, este país lhe pareceu um assombro.

Tia Janine e eu estávamos esperando você em casa, e tia Janine tinha providenciado umas mantas coloridas e bonecas para fazer você se sentir bem-vinda. Na época nós torcíamos para os médicos diagnosticarem o problema e tratarem-no depressa, e para você se recuperar sob nossos cuidados. Então você poderia voltar para o Haiti. Pensávamos que isso fosse levar alguns meses. Hoje, em retrospecto, vejo que na verdade nós sabíamos muito pouca coisa.

Preciso dizer que você não parecia assustada quando chegou, Chika, mas também não falou muito. Nem demonstrou muita emoção. O que você mais fez foi olhar em volta. Quem poderia culpá-la? Praticamente tudo que via era novidade: sinais de trânsito, vias expressas, casas com quintal, caixas de correio, televisores em vários cômodos. Devia ser informação demais. Muitas vezes me perguntei, quando você foi dormir nessa primeira noite, quão longe imaginava estar da missão.

No dia seguinte à sua chegada, nós fomos fazer exames no Hospital Pediátrico Mott, em Ann Arbor, que faz parte da Universidade de Michigan, uma instituição ótima na qual eu sonhava que você e as outras crianças um dia pudessem estudar. Era o prédio mais alto que você já tinha visto na vida, e você ficou olhando para cima quando entramos. Nós nos aproximamos da recepção. Um homem disse oi. Ele lhe deu uma pulseira de identificação que você admirou como se fosse uma joia.

Então o homem se virou para mim e perguntou:

– Qual a sua relação com a paciente?

Hesitei por alguns instantes. À nossa volta havia mães e pais, muitos parecidos com seus filhos, mesmos cabelos, mesma cor da pele, mesmos traços do rosto. Tive a sensação de ter sido flagrado tentando enganar alguém. Respondi dizendo "responsável legal" porque essas tecnicamente são as palavras corretas, e o homem escreveu alguma coisa e me pediu para ficar parado em frente a uma câmera.

– Tio Mitch! – gritou você de repente. – Olha!

Você apontou para um grande boneco do Superman no saguão. Soltei sua mão e você correu para o boneco bem na hora em que o homem me entregou uma etiqueta adesiva com uma foto do meu rosto em baixa resolução.

Acima da foto estava escrita uma palavra: *Pai*.

Colei a etiqueta na camisa.

É outono de 2013, e Chika Jeune está em nosso orfanato há alguns meses. Como é a menor e a mais nova, ela é a primeira na fila do banheiro e da escola. Parece gostar de ter as outras crianças marchando atrás de si. Mesmo assim, muitas vezes a vejo brincando sozinha, preferindo levar um brinquedo para um canto reservado. Crianças recém-chegadas muitas vezes ficam caladas, e encontram um livro de colorir ou uma boneca aos quais se agarrar, talvez porque não possam se agarrar a nada do seu passado. Pergunto-me quanto tempo Chika vai levar para passar de forasteira a membro da turma.

Certa noite, estamos fazendo nosso louvor noturno, uma tradição que envolve orações e animadas cantorias de gospel, pontuadas por bongôs e energizadas pelo intenso volume de vozes agudas. As crianças gritam o nome de uma canção e começam a cantar, algumas em creole, outras em inglês, desde "Shout to the Lord" e "I Give Myself Away" até "Jeriko Miray-La Kraze" e "Mwen se Solda Jezi". Às vezes parece a algazarra de uma torcida organizada. Mas mesmo assim é uma visão e tanto, pessoinhas com tão pouco dando graças ao Senhor.

Nessa noite estou sentado junto a uma parede, com várias crianças encostadas em mim. No meio de uma música animada, Janine chama a minha atenção.

– Olha – diz ela, e aponta.

E a poucos metros de distância está ela, Chika Jeune, de camisola branca, batendo palmas e balançando a cabeça ao ritmo da música. Está de olhos fechados, e nos intervalos da letra dá soquinhos no ar e ri. Quando a música termina, ela ergue o braço acima dos cabelos trançados e abre o mais encantador dos sorrisos, como quem diz: "Foi legal. Podemos fazer de novo?"

Faço uma anotação mental. Foi graças ao louvor. Ela se enturmou.

Eu

Eu acho, Chika, que deveria explicar o que estava fazendo no Haiti quando você chegou a nós, e como acabei responsável por um orfanato a quase três mil quilômetros de distância de onde moro.

Tudo começou como começam muitas coisas boas: com uma coincidência.

Alguns dias depois do terremoto, um pastor da minha cidade chamado John Hearn Jr. participou de um programa de rádio que eu apresento em Detroit. Ele estava preocupado que uma missão em Port-au-Prince da qual fazia parte tivesse sido destruída e que as crianças de lá pudessem ter morrido. Não conseguia completar uma ligação para o Haiti (poucas pessoas na época conseguiam) e estava procurando ajuda.

A história dele me comoveu muito. Não sei ao certo por quê. Como jornalista, já entrevistei muitas pessoas depois de desastres naturais. E embora eu sempre tenha incentivado o auxílio emergencial, raras vezes auxiliei pessoalmente.

Aquilo era diferente. Não saber qual tinha sido o destino das crianças por algum motivo me pareceu aterrador. Tentei organizar uma viagem para o pastor, mas na época ainda não havia voos comerciais para o Haiti. Finalmente consegui fretar um pequeno avião e achei dois pilotos dispostos a conduzi-lo. Como o avião tinha capacidade para seis passageiros, Hearn levou consigo seu pai, John, que havia ajudado a fundar a missão, e uma senhora de idade chamada Florence Moffett, a "Mamãe", uma missionária calada e encantadora que havia morado e trabalhado no orfanato por muitos anos. Recrutei dois colegas que preencheram os outros assentos.

E, com a ajuda de um senador americano chamado Carl Levin, conseguimos que as forças armadas americanas, que na época controlavam o tráfego aéreo do Haiti depois do terremoto, nos desse uma janela de dez minutos para pousar. Nós decolamos de uma Pontiac coberta de neve, em Michigan.

Quase cinco horas depois, aterrissamos na pista castigada pelo sol do aeroporto de Port-au-Prince, ou do que restava dele.

Quando as turbinas foram desligadas, deixei meu casaco de inverno em cima do banco e saltei do avião. O sol estava muito forte. O ar, parado. Ao longe havia montanhas a perder de vista (o significado nativo da palavra *Haiti* é "terra das altas montanhas"). O mais notável era o silêncio. Um silêncio estranho, como se o país ainda estivesse em estado de choque. Examinei a fachada do terminal cor de areia. Um letreiro dizia: AEROPORTO INTERNACIONAL TOUSSAINT LOUVERTURE, em homenagem ao líder da revolução haitiana mais de dois séculos antes.

Graças ao terremoto, agora uma grande rachadura cortava a palavra *Toussaint*.

Desembarcamos as malas sem ajuda de funcionários ou qualquer segurança. O único vestígio de um aeroporto em funcionamento estava em um corredor do terminal, onde havia uma mesa dobrável com várias mulheres sentadas, e mais acima um pedaço de papel branco pregado na parede com a frase:

"PARE!!! IMIGRAÇÃO DO HAITI."

Passamos em um minuto.

O trajeto até o orfanato em uma van azul da missão sem a porta lateral durou apenas vinte minutos, mas ficará para sempre gravado na minha memória: ruas e mais ruas do que antes eram prédios agora destruídos, com as entranhas espalhadas em montanhas de escombros cinzentos como se tivessem passado por um liquidificador. Das grandes pilhas despontava de vez em quando um pé de mesa ou um colchão. Havia carros esmagados abandonados sob os escombros. Pessoas andavam pelas ruas feito zumbis. Ambulantes de expressão pesarosa aguardavam agachados junto a pilhas de roupa, e mulheres se inclinavam acima de frutas e legumes apodrecidos. Crianças faziam fila para recolher água de poças na rua.

Todo mundo parecia estar na rua. Não vi ninguém em uma janela nem saindo por uma porta. Mais tarde ficaria sabendo que muitos haitianos passaram meses se recusando a entrar em qualquer edifício, temendo que as estruturas remanescentes desabassem sobre a cabeça deles. O ar abafado tinha cheiro de óleo diesel e lixo queimado, e meus olhos já estavam ardendo antes mesmo de chegarmos ao nosso destino.

O orfanato em si, felizmente, fora poupado. Mas tinha sido invadido por gente de fora, que se misturava às crianças em barracas improvisadas. No Haiti, depois de algum desastre natural, as pessoas muitas vezes acorrem aos orfanatos e hospitais, pois acreditam que é para lá que as agências de ajuda humanitária vão levar comida primeiro. Só que eu vi pouca coisa em termos de auxílio ou alimento, tirando o arroz e feijão preparados em um fogareiro de carvão por mulheres que supus serem funcionárias do orfanato.

Era impossível saber quem era de fato dali e quem havia simplesmente entrado. Varais de roupa ziguezagueavam pelo quintal e velhos colchões de espuma estavam espalhados pelo chão de terra batida. Havia muita gente de ar cansado encostada nas paredes, estreitando os olhos por causa do sol. Pediam comida. Quando abrimos as caixas com as quais tínhamos abarrotado o avião, com água mineral, toalhinhas umedecidas antissépticas, vidros de aspirina, latas de Coca-Cola, fomos soterrados.

Em determinado momento, fiquei tonto com tudo que estava vendo. O calor era intenso e minha camisa estava encharcada, e eu tinha feito a besteira de usar uma calça jeans preta, que retinha o calor em volta das pernas. Soltei uma longa expiração.

E de repente, quando estava com os braços abaixados, senti duas mãozinhas se meterem entre meus dedos. Baixei os olhos e vi um menino e uma menina pequenos, um de cada lado. Não sei dizer quem eles eram, Chika, nem mesmo se moravam no orfanato. Mas eles sorriram e me puxaram pela mão, e hoje me dou conta de que estavam me levando em direção ao mundo deles e, tempos depois, ao seu.

Mas sim. Eu não expliquei como uma viagem se transformou em um compromisso. Quando voltei para Detroit, escrevi sobre o que tinha visto e pedi ajuda. Nós logo conseguimos organizar uma equipe de voluntários: telhadistas, encanadores, eletricistas, mestres de obras. Eram 23 ao todo, e eles se autonomearam os Fortões de Detroit. Com aviões doados pelo ex-automobilista e agora bem-sucedido empresário Roger Penske e por Art Van Elslander, dono da cadeia de lojas de móveis Art Van, embarcamos mantimentos, ferramentas e um pequeno maquinário e rumamos outra vez para Port-au-Prince.

Depois fomos outra vez.

E outra.

E mais outra.

Em nove viagens, ao lado de operários haitianos, construímos banheiros, uma cozinha, um refeitório e uma área de lavanderia. Assentamos pisos. Montamos camas beliche. Pintamos paredes imundas de cores alegres e vivas. Por fim construímos até uma escola de três salas.

Construímos também os primeiros chuveiros do orfanato, fazendo gambiarras com canos de PVC branco conectados a uma caixa-d'água em cima do telhado. Até então, o banho das crianças se limitava a água com sabão despejada de um grande balde vermelho.

Quando chegou a hora de testar esses chuveiros, as crianças mais novas se apinharam lá dentro. De short, calcinha ou cueca, encararam curiosas as torneiras e a ducha. Contamos "um, dois, três" e abrimos o chuveiro. A água jorrou e as crianças urraram de alegria, como se estivessem testemunhando a primeira chuva do Senhor. Elas jogaram água umas nas outras, riram, cantaram e fizeram uma dancinha. Ficaram tão contentes fazendo uma coisa que eu tinha feito praticamente de olhos fechados todas as manhãs da minha vida que algo no meu coração mudou. Pude sentir fisicamente; uma epifania, talvez, porque essa palavra significa a manifestação de algo divino e foi essa a minha sensação, e também a sensação nos dias seguintes que passei lá. Estava exausto, mas também animado de um jeito quase metafísico. Peguei-me rindo mais do que ria nos Estados Unidos, e dormindo melhor também. A cada dia me sentia menos pressionado, apesar da carga de trabalho que começava com o nascer do sol e terminava em uma escuridão infestada de mosquitos.

– Acho que a gente faz alguma diferença aqui – falei para tia Janine.

– Então vamos continuar – disse ela.

E continuamos. Eu ia lá todo mês. Nos Estados Unidos, minha vida cotidiana envolvia muito pensar: inventar matérias, tomar decisões, ajustar minha agenda, dar telefonemas. No Haiti havia apenas *coisas a serem feitas*, e o que nós fazíamos permitia às crianças comer, dormir, ter um teto; coisas tão primárias que não havia como contestar sua importância. A cada visita, minha conexão com as crianças ficava mais forte. Passei a conhecer o nome e a personalidade de cada uma delas. Era recebido por seus pulos e abraços. Foram os adultos que me levaram ao Haiti, Chika, mas foram as crianças que me fizeram voltar.

Em Detroit, tornei a me encontrar com John Hearn sênior, um senhor de 80 e tantos anos. Ele me explicou sua história com aquele lugar. Com o tempo, falou, o fardo fora ficando mais pesado. Ele me agradeceu por todas as melhorias físicas que os Fortões estavam fazendo. Mas confessou que não tinha dinheiro para administrar o orfanato, e já havia algum tempo. Ele próprio só conseguia ir lá de vez em quando.
 E foi então que, em um impulso que até hoje não sei explicar, eu citei outras instituições beneficentes que havia criado em Detroit e disparei:
 – Se o senhor quiser, eu posso assumir a administração do orfanato. Posso conseguir o dinheiro. E as pessoas. Eu acho.
 Ele uniu as mãos e sorriu.
 Assinamos documentos.
 E eu estou aqui desde ent...

Nós

– Tá, tá, tá bom – interrompe Chika com um suspiro.
Tá bom o quê?
Ela levanta uma das minhas canecas de café.
– Chega de falar de você!
Chika pousa a caneca de volta com uma pancada.
– Eu quero ouvir sobre MIM!
Meu instinto é dizer a ela para se comportar, mas não faço isso. Sempre tive um fraco por crianças buscando atenção e pelo trabalho que elas se dão para consegui-la. Chika gostava de ser o centro das atenções. Sempre que Janine e eu passávamos muito tempo conversando, ela gritava: "Ei, sobre o que vocês estão *falando*?" Quando nos sentávamos para jogar um jogo de tabuleiro, ela pegava as peças e instruía: "Você é a verde. Eu sou a vermelha. A vermelha manda!"

Assim que ela chegou, seu inglês era mais limitado, claro, de modo que tínhamos de entender frases como "Ajuda, eu não abre" quando ela estava segurando uma banana ou "Ele ali!" ao encontrar algum brinquedo perdido. Levou tempo para que aprendesse a falar corretamente.

Mas com o passar das semanas, conforme Chika foi aprendendo uma frase depois da outra, nós assistimos a um progresso excepcional, e a uma curiosidade sem limites em relação ao passado e ao futuro.

– Quando eu vou me apaixonar? – perguntou-nos certa noite.

Janine e eu apenas nos entreolhamos.

– Bom, quando você for mais velha – respondeu Janine enfim. – E quando conhecer a pessoa certa.

– Mas quando vai ser isso?

– A gente não sabe.

– Por que você quer se apaixonar, Chika? – perguntei.

Ela fez uma careta.

– Porque vocês se apaixonaram, e *eu* quero me apaixonar! – falou, cruzando os braços.

Disse isso com tanta ênfase que eu quase pensei que Deus fosse materializar alguém para ela ali mesmo.

– E por quem você quer se apaixonar? – perguntei.

– Não sei – respondeu ela. – Eu quero me apaixonar por alguém que eu nunca vi!

– Por quê?

– Porque foi assim com você. Você se apaixonou pela tia Janine. E nunca tinha visto ela antes!

Fiquei sem resposta diante desse seu raciocínio. Mas meu coração se alegrou. De certa forma, ela estava dizendo querer um amor igual ao nosso. Isso nos fez sentir que estávamos fazendo alguma coisa certa.

– Tio Mitch? – chama Chika.

Hum?

Ela solta a caneca, põe as duas mãos no meu joelho e olha para mim. Finalmente, pergunta a única coisa que nunca me perguntou antes.

– Como eu fiquei doente?

Você

Bem.

Como posso explicar?

"Cabeça" em creole é *tèt*. Isso você sabe, claro. Os haitianos usam essa palavra em muitas expressões. Como, por exemplo, *tèt vire* (cabeça girando), que significa "tonto", ou *tèt ansanm* (cabeças juntas), que significa "união", ou *tèt frèt* (cabeça fria), que quer dizer "calmo".

Ou como *tèt chaje* (cabeça cheia), que quer dizer "problema".

Talvez você não tenha chegado a aprender essa última expressão, Chika, mas ela se encaixa na sua história, porque você era praticamente perfeita quando chegou a nós, seus pulmões, sua barriga, seu coração, mas logo acima do pescoço, na parte do cérebro que se chama ponte, você tinha a *tèt chaje*, a cabeça cheia com alguma coisa. E essa coisa de fato iria se revelar um problema.

Naquele primeiro dia em Ann Arbor, eles fizeram outra ressonância. Dessa vez não houve xarope nem espera demorada. Nós pegamos um elevador até uma sala muito iluminada e asséptica, e eles colocaram você dentro de um enorme tubo e puseram música para tocar nos alto-falantes. Chegamos em casa a tempo de jantar.

Mas quando o resultado do exame saiu, os médicos viram a mesma coisa que o neurologista haitiano tinha visto: um invasor tinha se aboletado no seu cérebro, um ponto de tamanho considerável no exame, ainda que difuso. Era algo que não deveria estar ali, nisso eles concordavam, e a ideia era retirá-lo. Mas eles não tinham certeza se o risco valeria a pena.

Dias depois, um grupo de médicos especialistas em tumores se reuniu e votou porque, de modo bem parecido com as decisões que tomamos no orfanato, eles precisam ser realistas com as pessoas que os procuram. Cinco dos oito votaram sim, ou seja, a favor da sua cirurgia. Tentei não pensar nos três que votaram contra.

Queríamos preparar você para o que ia acontecer. Mas o seu inglês na época ainda não era tão bom, e o meu creole era bem mais ou menos, e de toda forma tia Janine e eu decidimos não te dar nenhum curso intensivo de cirurgia cerebral, como nós tivemos que ter. Talvez tenhamos tomado a decisão certa, talvez não. Eu acho que tomamos. Você tinha 5 anos, e queríamos que aproveitasse a idade, então não ficamos lhe mostrando desenhos de lóbulos e ventrículos.

Quando a acordamos bem cedo no dia da cirurgia, nós abraçamos e beijamos você como sempre fazíamos, e cantamos uma canção de bom-dia enquanto você se vestia na penumbra antes de o sol raiar. Dissemos que você iria para o prédio onde tinha o Superman, onde os médicos iam ajudá-la a se sentir melhor. Você bocejou. Escolheu uma boneca para levar. Eu te coloquei na cadeirinha do carro.

E exatamente cinco anos, cinco meses e seis dias depois de você vir a este mundo naquela casa de blocos de concreto perto do pé de fruta-pão, você deu entrada no Hospital Pediátrico Mott, onde recebemos um quarto e você uma camisola azul-clara toda estampada de ursinhos dançantes. Tia Janine ajudou você a trocar de roupa.

Em determinado momento, me pediram para ir à recepção

assinar uns documentos de autorização. O que mais me lembro é da parte sobre "risco". Risco de coágulo. Risco de transfusões. Risco de efeitos colaterais e até de "morte". Tentei passar depressa por eles, dizendo a mim mesmo que eram alertas obrigatórios, mas altamente improváveis, a onipresente pequena chance de chuva em um dia de sol.

Duas horas mais tarde você estava em uma sala de cirurgia, anestesiada. Instrumentos estavam preparados. Médicos e enfermeiros a rodeavam. Por fim, um neurocirurgião chamado Hugh Garton, um homem magro e atlético que gosta de praticar escalada em seu tempo livre, abriu sua preciosa cabecinha e pôde ver o invasor ao vivo.

Ele passou muito tempo atacando-o e tentando removê-lo; horas, na verdade, um pouco aqui, um pouco mais ali, mas o invasor estava emaranhado em tantas partes importantes do seu cérebro que ele não conseguiu retirar muita coisa. Era como aquele jogo que as crianças jogam na missão, chamado Operação, no qual se você toca na borda a campainha dispara.

O Dr. Garton retirou uns dez por cento da massa e então, optando pela cautela, parou por ali. Eles fecharam e costuraram você, e a levaram de maca até o pós-operatório.

Tia Janine e eu passamos todo esse tempo esperando no imenso saguão de entrada do hospital, com um bip que periodicamente se acendia com atualizações sobre a cirurgia. Cada mensagem nova nos dava mais esperança.

Por fim, no final da tarde, o bip piscou CIRURGIA CONCLUÍDA. Uma hora depois, pudemos vê-la pela primeira vez. Você estava dormindo de lado, tão pequena que ocupava apenas metade da maca, com tubos e monitores presos ao seu corpo e uma grande atadura branca com um pequeno laço em volta da cabeça.

Fiquei com o coração apertado.

De todos os momentos que passaríamos juntos em hospitais,

Chika, talvez esse tenha sido o mais difícil, porque até então, apesar das ressonâncias magnéticas, das consultas, e até mesmo de ter assinado aqueles documentos de autorização, eu ainda não tinha ficado cara a cara com a verdadeira gravidade da sua situação. Em seus primeiros dias conosco, você tinha se mostrado brincalhona e me perseguido pela casa, e eu permiti que isso me distraísse.

E agora ali estava você, tão pequenina em cima daquela maca, apagada pela anestesia, cercada por monitores. Eles tinham aberto sua cabeça e trabalhado durante horas, mas ninguém estava dizendo "a gente tirou tudo". Não havia alívio algum, apenas mais perguntas, e dias de espera antes de sair o resultado da patologia. Disseram que você sentiria dor por algum tempo e que mesmo com a medicação nós deveríamos estar preparados para algumas dificuldades.

Mantive o olhar fixo à frente. *Eu tinha deixado eles fazerem aquilo. Eu tinha dado minha permissão.* Pensar que as minhas decisões haviam machucado você, de qualquer modo que fosse, me deixou com o estômago embrulhado.

Também me trouxe humildade, Chika. Talvez isso seja difícil de entender, mas até então, feito um bobo, eu ainda achava que estava no controle, de você, das nossas crianças, como se eu fosse o Superman daquele lobby do hospital. Eu tinha força, tinha recursos. Se não soubesse alguma coisa, podia aprender e continuar liderando. Nossas crianças eram pequenas. O adulto era eu. Eu podia encarar qualquer coisa que surgisse em nosso caminho.

Parado ao seu lado naquele dia, diante da primeira questão médica grave nos cinco anos desde que eu começara a administrar o orfanato, essa sensação de estar no controle foi pulverizada. E substituída por um mau presságio. Você era menor do que eu, sim. Mas e se aquele desafio fosse maior do que nós dois?

— *F*eliz Ano-Novo! *Estamos às portas do ano de 2014, e as crianças estão pulando e cantando "Auld Lang Syne", cuja melodia eu lhes ensinei, mas não a letra, porque eu não sei a letra. Então ficamos todos apenas cantarolando a melodia aos berros.*

É uma tradição nossa desde o meu primeiro inverno na missão. Todo dia 31 de dezembro, nós encomendamos um jantar especial de pizzas de um hotel de Port-au-Prince, servimos suco de maçã e um grande bolo com cobertura de chocolate. Depois disso vêm os sparklers, *um para cada criança. Nós os espetamos no chão de terra batida rente ao nosso muro e fazemos um pedido. Quando o último deles se apaga, o "nosso" Ano-Novo começa oficialmente, muito embora seja apenas oito e meia da noite.*

– Feliz Ano-Novo, Chika – digo, ajoelhando-me ao lado de Chika Jeune, que está conosco há cerca de seis meses. – Consegue dizer "Feliz Ano Novo"?

A menina tem uma fileira de dentinhos de leite, os dois da frente bem juntos.

– Fiz ano novo – diz ela.

– Sabe de uma coisa? Amanhã é janeiro, o que significa que o

seu aniversário está chegando. E você vai poder usar a coroa de aniversário.

Ela arregala os olhos.

– Meu niversáio? Quando? – pergunta.

– Faltam nove dias.

– Quantos anos eu?

– Quatro.

Ela pensa um pouco, e eu conto nos dedos para lhe mostrar. Quando chego a quatro, cutuco suas bochechas macias e digo "tum". Ela se lança para a frente e me dá um abraço feliz, embora eu não saiba se é por mim ou pela notícia de que em breve será mais velha.

Nós

– Tio Mitch?

Oi?

– E aí, o que aconteceu?

Ahn?

– No hospital.

Percebo que perdi o fio da meada e estou olhando pela janela para uma sequoia farta de agulhas amarelas nesses meses de verão. É a única árvore amarela do nosso quintal, e eu estava tentando lembrar se nós a plantamos ou se ela já estava ali quando compramos a casa, 25 anos atrás.

– Deixa pra lááááá – diz Chika, e agita uma das mãos no ar.

Não, tudo bem, respondo. Você perguntou. Eu devia te contar. É que eu não gosto dessa parte.

– Por quê?

Porque a notícia foi ruim.

– Nã-não.

Não foi ruim a notícia?

Ela faz que não com a cabeça.

Como ela pode ter tirado essa conclusão? Eu nunca lhe contei essa história, do momento em que Janine e eu pisamos em um pequeno consultório poucos dias depois da sua operação.

Qualquer um que já passou por um momento assim, quando não se sabe de algo terrível e depois se passa a saber, pode confirmar que se trata de um divisor de águas, e que o mais crítico é a escolha feita a seguir; porque é possível ver um diagnóstico de muitas formas: como uma maldição, um desafio, uma resignação, uma provação divina.

Baseados nas análises anteriores dos médicos, naquela manhã Janine e eu tínhamos esperança de que fosse ser possível lidar com a massa no cérebro de Chika. Ela aparecia difusa nas ressonâncias. E as amostras congeladas retiradas durante a cirurgia não eram particularmente alarmantes. A esperança era de que fosse um tumor de grau um, o mais fácil de lidar, mas estávamos preparados para um grau dois, que segundo nos alertaram poderia envolver radiação e acompanhamento a longo prazo.

Mas o Dr. Garton entrou naquele consultório, sentou-se e, com uma voz suave porém direta, disse que as notícias não eram boas, piores do que eles esperavam, que Chika tinha algo chamado glioma pontino intrínseco difuso, ou DIPG. Quando perguntei se era de grau um ou dois, ele respondeu que era "quatro".

Grau *quatro*?

Ele começou a nos apresentar alternativas, incluindo radioterapia e medicações experimentais, mas tudo que eu conseguia escutar era "quatro". *Quatro?* Apesar de estar sentado, tive a sensação de cambalear. *Quatro?* Continuei ouvindo à espera da parte em que os cirurgiões voltavam lá e tiravam o monstro inteiro, mas ela nunca chegou. Ao que parecia, se eles fizessem isso não sobraria nada para fazer o cérebro de Chika funcionar.

Quatro?

– Eu realmente lamento muitíssimo lhes dar essa notícia – disse o Dr. Garton.

Ele compartilhou conosco algumas duras verdades sobre o DIPG: havia apenas cerca de trezentos casos por ano nos Estados Unidos; o tumor em geral acometia crianças da idade de Chika, entre 5 e 9 anos; debilitava-as rapidamente: locomoção, mobilidade, deglutição. E a cereja do bolo: a taxa de sobrevivência a longo prazo era basicamente nula.

Ficamos atordoados. Enquanto o Dr. Garton enumerava as opções, lembro-me de ter fechado a boca conscientemente, porque ela estava aberta, e de me dar conta de que não bastava a sensação de um piano caindo em nossa cabeça; nós ainda precisávamos *tomar uma decisão*. Era por isso que ele estava nos dando todas aquelas informações horríveis.

Uma decisão? Em relação à vida de Chika? Ela havia acabado de chegar aos Estados Unidos, fazia o quê, umas poucas semanas? Estávamos lhe comprando sapatos. Perguntando se ela gostava de ovos mexidos. A ideia era ela ficar um ou dois meses, depois voltar para o orfanato curada pela nossa inacreditável medicina. Uma decisão em relação à sua vida?

Janine e eu nos entreolhamos.

– E se ela fosse sua filha? – balbuciei, refugiando-me no truque de pôr a responsabilidade no médico.

– Bem – disse o Dr. Garton, soltando o ar. – Eu provavelmente a levaria de volta para o Haiti e a deixaria aproveitar o verão e ficar com os amigos até...

Tudo de ruim está inserido nesse "até".

Pude ver Janine começando a chorar. Senti minhas entranhas se liquefazerem. Fiz logo a pergunta antes de perder a coragem:

– Quanto tempo ela tem?

– Uns quatro meses, talvez – disse ele em um tom suave. – Talvez cinco.

Acho que ele só disse cinco para aliviar o peso de quatro. *Quatro meses. Outra vez o número quatro.* Ele disse que a radiação poderia estender esse tempo, talvez dobrá-lo, embora a "qualidade de vida" dela pudesse ser afetada, e que ele pessoalmente não escolheria esse caminho, porque Chika teria que ficar ali em vez de voltar para casa, e no final não faria diferença.

Veja bem, em geral fico inclinado a seguir os conselhos dos médicos. Respeito o seu conhecimento e a sua experiência. Mas, quando ele falou "qualidade de vida", alguma coisa dentro de mim girou feito uma manivela. Ali estávamos nós, nos Estados Unidos, em um hospital extraordinário, em uma cidade muito rica. O que nós entendíamos por "qualidade de vida" tinha pouco a ver com o país onde Chika nascera, e cuja coragem ela trazia nas veias. Lembrei que ela havia sobrevivido a um terremoto em seus primeiros dias no mundo, e dormido em um canavial, e suportado a morte de uma mãe que mal conhecia, e já tinha morado em quatro casas diferentes, e a ideia de mandá-la de volta para esperar pelo fim me pareceu cruel. Peguei-me adotando uma postura defensiva, como um treinador de boxe cujo lutador estivesse sendo subestimado.

– Ela é uma guerreira – falei por fim, e olhei para Janine, que aquiesceu. – E se ela luta, nós vamos lutar também.

O Dr. Garton se recostou na cadeira.

– Está bem – disse ele.

E então, por alguns instantes, ficamos os três simplesmente sentados ali, encarando um plano de batalha invisível.

– Eba!
Chika bate palmas.

O que foi?, pergunto.

Percebo que estava falando em voz alta, contando a história que não queria contar.

– Eba! – ela torna a dizer.

Por que você está batendo palmas? Porque eu te contei a história?

Nenhuma resposta.

Porque nós decidimos lutar?

Nenhuma resposta.

Por quê, Chika?

Ela se levanta e segura minhas mãos. Bate uma na outra.

– Bate palma pra gente, tio Mitch!

Viro as palmas para cima, sem entender.

E ela torna a sumir.

Três

Eu

Vinte anos antes de Chika ir morar conosco, eu embarquei na jornada da minha vida. A distância não era grande, pouco mais de mil quilômetros de avião entre Detroit e Boston, e meia hora em um carro alugado até o subúrbio de West Newton. Eu tinha ido visitar um velho professor universitário.

Seu nome era Morrie Schwartz.

Morrie estava morrendo. Ele tinha esclerose lateral amiotrófica, ELA, a doença neurodegenerativa progressiva também conhecida como doença de Lou Gehrig, em homenagem ao famoso jogador de beisebol dos anos 1930 que, forçado a se aposentar por causa da doença, mesmo assim afirmou em sua despedida no Yankee Stadium: *"Eu hoje... me considero... o homem mais sortudo... da face da Terra."*

– É, bom – me diria Morrie. – Eu não falei isso.

Na época eu tinha 37 anos e trabalhava em cinco empregos, jornais, televisão, rádio, livros e como free lancer. Nunca recusava nada por medo de não tornarem a me convidar. Só soube da doença de Morrie pela TV, em uma entrevista que ele deu para o programa *Nightline* da ABC. O âncora, Ted Koppel, tinha pegado um avião de Washington D.C. para conhecer o diminuto professor à beira da morte, que ensinava aos visitantes, muitas vezes com um sorriso, o que a morte iminente revelava sobre a vida. Koppel ficou tão impressionado com a atitude de Morrie, apesar de ele não poder mais andar, nem se vestir, nem tomar banho sozinho, que o *Nightline* dedicou um programa inteiro a ele, e depois outros dois.

Eu assisti ao primeiro e fiquei de queixo caído. Morrie, em uma versão mais saudável, tinha sido meu professor preferido na Universidade de Brandeis. Ele lecionava sociologia. Eu peguei todas as disciplinas que ele oferecia. Via-o mais como um tio do que como um professor. Nós passeávamos juntos pelo campus, almoçávamos juntos. Morrie tinha tantas ideias, mesmo de boca cheia, que quando ele falava pedacinhos de salada de ovo voavam na minha direção. (Certa vez escrevi que durante todo o tempo que passei com ele, vivia querendo fazer duas coisas: dar-lhe um abraço e lhe passar um guardanapo.)

No dia em que me formei, eu dei de presente a Morrie uma pasta gravada com as suas iniciais. Ele ficou com os olhos marejados, me abraçou e disse: "Mitch, você é um dos bons. Prometa que vai manter contato."

Eu prometi.

Então quebrei a promessa.

Por dezesseis anos.

Dezesseis anos sem uma visita, sem uma carta, nem mesmo um telefonema. Não tive desculpa alguma exceto aquela que todos nós usamos. Eu estava "ocupado", de todas as maneiras patéticas que nos levam a usar essa palavra: como requisitado jornalista esportivo, galgando cargos, acumulando sucessos, sempre fazendo coisas muito importantes, pensava eu.

Então, quando vi Morrie no *Nightline*, tantos anos depois, meu choque foi seguido por algo torturante. Culpa. Ou quem sabe vergonha. A sensação de que eu não era mais "um dos bons".

Liguei pra ele. Combinei de ir encontrá-lo. Era para ser uma visita só. Mas nesse primeiro encontro Morrie desvendou alguma coisa. Embora estivesse fraco e confinado a uma cadeira de rodas, ele me dissecou de modo tão arguto, dizendo: "Morrer é apenas um dos motivos para se ficar triste, Mitch. Viver infeliz são outros quinhentos." E eu me peguei voltando em outra terça-feira, depois em mais outra, e em todas as terças-feiras que lhe restavam de vida. Nós tivemos um último "curso" sobre o que realmente importa na vida quando você sabe que vai morrer, e ele fez aflorar uma versão melhor e mais antiga de mim mesmo.

Nossas visitas acabaram narradas em um manuscrito que escrevi para pagar suas despesas médicas, *A última grande lição*, que era para ser um livro pequeno, mas acabou se tornando um livro grande. E eu me tornei, com o passar dos anos, um eterno assistente no último curso que Morrie deu.

Aquilo me transformou. Não tinha como não me transformar. Minhas conversas com desconhecidos passaram de "quem será que vai vencer o Super Bowl?" a "minha mãe acabou de morrer e a última coisa que fizemos foi ler seu livro juntos; posso te falar sobre ela?". Talvez meu antigo professor soubesse que minha cabeça dura precisaria de cascudos diários para chegar a um núcleo mais suave, mais sábio. *A última grande lição* forneceu esses cascudos; era como uma correnteza constante a me puxar de volta para as águas de Morrie, citando suas palavras, lembrando-me dele, respondendo a perguntas sobre ele, até que as ações, antes guiadas por Morrie, passaram a ser naturais para mim.

Fui convidado a dar palestras em casas de repouso, congressos de medicina e universidades. Comecei a visitar e até aconselhar pacientes recém-diagnosticados com ELA.

Com os doentes em fase terminal, eu compartilhava a observação de Morrie de que seus últimos meses acabaram sendo os mais vibrantes; ele os comparou às cores vivas de uma folha murchando.

Com os saudáveis, eu repetia o mantra de Morrie de fingir a cada dia que havia um passarinho no seu ombro, um passarinho a quem se pergunta: "É hoje que eu vou morrer?", e viver cada dia como se a resposta fosse "sim".

Pode-se até pensar que essa jornada da minha vida, vinte anos antes, fazia parte do plano genial do Senhor para lidar com o prognóstico de Chika, munindo-me com uma filosofia sólida e um coração fortalecido para suportar a pior das notícias.

Só que um homem velho rememorando o passado não é uma menininha imaginando o futuro.

E, no fim das contas, é possível ter mais de uma jornada da sua vida.

Nós

Chika?, eu chamo.

Não a vejo. Mas ouço um risinho abafado.

Levanto-me da cadeira. Ando pelo escritório. É início de setembro, e sua última visita já faz mais de um mês.

Cadê a Chika?, digo.

Essa era uma brincadeira frequente nossa. Cadê a Chika? Ao ouvir a porta da frente se abrir, ela se escondia debaixo do cobertor ou da mesa da cozinha, e você tinha que gritar "Cadê a Chika? A Chika sumiu! Cadê ela?" até sua voz transmitir pânico suficiente para Chika sair do esconderijo e gritar, no seu inglês ainda capenga: "Aqui eu!" Ela então caía na gargalhada, os ombros tremendo de tanto rir. Nunca vi nenhuma criança mais feliz de ser encontrada.

Agora parece que estamos brincando outra vez.

Cadê a Chika?, pergunto. Onde ela foi parar?

Vejo uma manta estendida por cima de um futon, onde eu às vezes durmo quando fico escrevendo até tarde. Pego a manta. Imprimo à voz um tom brincalhão.

Será que ela está... *aqui embaixo*? E puxo a manta.

– Nããããoo – responde ela, do outro canto do escritório.

Eu me viro. Ela está parada em frente à minha escrivaninha, lendo o bloco pautado. Então acho que a brincadeira acabou.

– O que significa isso? – pergunta ela. – "O tempo muda"?
Foi a segunda coisa que você me ensinou, respondo. A segunda lição na lista que você queria que eu fizesse.
Ela puxa minha cadeira.
– Escreve.
Então se aboleta na cadeira e ri.
Eu preciso sentar aí para escrever, sabe?
– Eu sei – diz ela, e torna a rir.
Ela balança a cadeira para a frente e para trás.
– Trrrr! Trrr! – De repente, a manta do futon está nas suas mãos. Chika a puxa para cobrir a cabeça.
– Cadê a Chika? – grita ela.
Dou um suspiro.

LIÇÃO DOIS

O tempo muda

Você lembra a primeira vez que acordou na nossa casa? Eu já estava no meu escritório, porque costumo escrever de manhã. De repente, meu telefone tocou; era tia Janine ligando lá do quarto. Com a voz rascante de quem acabou de acordar, ela falou:

– Tio Mitch, a Chika está com fome e quer tomar café da manhã. Você pode ajudar?

Eu subi e levei você até a cozinha, onde pegamos ovos, manteiga, um pouco de queijo e tomates. Mostrei a você a frigideira, a boca do fogão, e você ficou na ponta dos pés e ajudou a mexer a espátula. Eu servi o suco. Nós demos graças pela comida.

E fiquei olhando você comer.

E olhando você comer mais um pouco.

Dizer que você comeu "sem pressa" é pouco. Você mastigou. Olhou pela janela. Pousou o garfo, bocejou e tornou a pegar o garfo. Balançou para a frente e para trás segundo algum ritmo interior. Levou quase uma hora. Eu poderia comparar ao ritmo no qual eu tomo café da manhã, só que eu não tomo café da manhã.

Mas no dia seguinte, quando ouvi seus passos descendo os degraus às sete da manhã, levantei-me da escrivaninha, fui encontrá-la na porta e peguei-a no colo enquanto você dizia:

– Tio Mitch, estou com fome!

Eu a levei para a cozinha.

Uma criança é ao mesmo tempo uma âncora e um par de asas. Meu antigo jeito de fazer as coisas não existia mais.

O tempo muda. Com uma criança pequena, ele não lhe pertence mais. Qualquer pai ou mãe pode confirmar isso. Mas, talvez por isso ter acontecido com tia Janine e eu tão tarde na vida, depois de 27 anos sendo só nós dois, a diferença foi um baque.

Quando decidimos que você não ia voltar para o Haiti, Chika, não antes de encontrarmos um jeito de vencer aquela coisa horrível, nós a levamos do hospital para casa com dois bichos de pelúcia, um curativo no pescoço e uma pequena mala cheia de ingenuidade esperançosa. Não nos demos conta da dimensão dessa empreitada, não percebemos que estávamos acolhendo não só uma criança, mas um desafio: uma busca em tempo integral pela cura de uma doença agressiva da qual, duas semanas antes, nós mal tínhamos ouvido falar.

Você tinha um ritmo. A doença tinha um ritmo. E daquele ponto em diante tudo que nós sabíamos sobre o tempo iria mudar, do modo como costumávamos gastá-lo ao valor que lhe atribuíamos.

Chika, você sabe quantos anos eu tenho? Você costumava chutar "Trinta!", e, quando eu dizia não, tentava "Cem!". A idade relativa deve ser um grande mistério para as crianças, que contam o tempo de meio em meio ano. (*Eu tenho cinco anos e meio!*) Mas nós estávamos com 50 e muitos anos quando você foi morar conosco, jovens o suficiente para manter nossa rotina, velhos o suficiente para ser difícil modificá-la.

Como esperado, tia Janine se adaptou mais depressa do que eu. Acho que, de algum modo, ela sempre esteve se preparando para esse dia.

Por outro lado, eu, quando era mais novo, tinha medo de virar pai. Via como aquilo devorava as horas. Ficava com medo de não conseguir dedicar tempo suficiente a um filho, e de que fosse acabar me tornando um pai ruim. Além disso, para ser totalmente sincero, pensei que ter um filho fosse atrapalhar minha carreira. Eu estava avançando depressa e queria manter esse ritmo. Nunca falei com você sobre uma coisa chamada ambição, Chika, mas aprendi que ela pode te dominar aos poucos, como nuvens escondendo o sol, até que, consumida pela sua busca, a pessoa se acostuma a uma existência mais sombria.

Quando tia Janine e eu nos casamos, ela sabia de tudo isso, mas acreditava em uma versão melhor de mim, uma versão mais generosa, e nos nossos primeiros anos juntos eu quis fazer jus a essa versão. Apesar disso, controlar o tempo se torna um hábito. Lembro que uma vez, quando estávamos tentando ter filhos, eu dei a ideia de contratar alguém para ajudar a cuidar das crianças. Tia Janine recusou. Na verdade, ela ficou brava, coisa que raramente acontecia. Fiquei me perguntando por que ela não queria ajuda, sem enxergar a mágoa que lhe causava o fato de o marido já estar planejando passar tempo longe de um bebê que nem sequer tinha.

Hoje, Chika, quando penso bem, vejo que era um tolo sob muitos aspectos.

Então apareceu você, com seu jeito sem pressa. Você tinha 5 anos, mas era uma menina de 5 anos muito curiosa, como se as páginas da sua vida tivessem sido empilhadas, mas não viradas ainda. Se visse esquilos subirem correndo em uma árvore, você gritava "Esquilos!", depois perguntava para onde eles estavam indo, e ainda se eles também viam você. Tinha perguntas sobre livros. Perguntas sobre comida. Perguntas sobre nuvens e anjos. Examinava toda a sua coleção de roupas antes de se vestir.

– Essa meia vermelha é legal – eu sugeria, já impaciente.

– Acho que eu quero a verde.

– A verde é legal.

– Não, espera, espera. A azul.

Sem muita alternativa, nós diminuímos nosso ritmo para adaptá-lo ao seu. Nos ajoelhávamos para ficar da sua altura. Eu muitas vezes encontrava você sentada no chão em frente à nossa janela dos fundos, estudando o quintal. Lembro-me de Morrie, meu antigo professor, certa vez apontar para uma janela e dizer que dava mais valor a ela do que eu, pois por causa da sua doença aquela janela era a sua vista para o mundo, enquanto para mim era apenas uma vidraça.

Você também valorizava uma janela mais do que eu, Chika, e todas as coisas incríveis que havia do outro lado. Precisei desacelerar para poder compartilhar o seu assombro, pisar no freio da minha vida, recusar jantares por causa da sua hora de dormir, chegar atrasado no trabalho por precisar levá-la a certos lugares, me desculpar constantemente com chefes e editores por uma queda súbita na minha produção.

Mas fiz isso. Tia Janine também. E ambos nos pegamos observando você com um fascínio cada vez maior. Nos cutucávamos quando você batia palmas para algum filme, ou dançava em volta da mesa sem saber que estávamos olhando. Quando você adormecia no meu colo, eu ficava muito tempo te segurando enquanto tia Janine acariciava seus cabelos. Não sei quantas horas passamos só olhando para você, Chika, mas foram muitas, e elas foram preciosas.

Antes de você chegar, nós ficávamos vendo TV na cama, e muitas vezes pegávamos no sono ainda com a TV ligada. Depois que você chegou, apagávamos as luzes e ficávamos andando na ponta dos pés no escuro para não despertá-la. Muitas vezes você nos acordava no meio da noite.

– Tio Miiiitch!

– ...Hum?

– Preciso ir ao banheiro.

Eu levava você ao banheiro e então esperava, bocejando, do lado de fora. Ouvia você dar a descarga, te ajudava a lavar as mãos, depois a levava de volta para a cama, que era bem baixinha para você poder subir sozinha.

– Ela está bem? – sussurrava tia Janine quando eu voltava para a cama.

– Está – balbuciava eu, fechando os olhos. – Está bem, sim.

A coisa mais preciosa que você pode dar a alguém é o seu tempo, Chika, porque nunca vai poder recuperá-lo. Quando você nem pensa em recuperá-lo, você o deu com amor.

Eu aprendi isso com você.

§

A propósito. Falando na sua cama. Pode parecer engraçado, mas, assim que você chegou, nós não sabíamos onde colocá-la. Afinal, não tivemos meses para planejar. A casa em que morávamos havia quase 25 anos estava tão engessada em seu formato quanto nós. Os quartos de hóspedes ficavam no térreo. Não podíamos deixar você tão longe assim. Mas você era grande demais para dormir em um berço.

No fim das contas, compramos um colchão de casal inflável, cobrimos com lençóis de *Frozen* e mantas coloridas, e pusemos no pé da nossa cama. Na primeira noite que você passou conosco, esqueci que o colchão estava ali. Levantei para ir ao banheiro, tropecei e me estatelei no chão.

Depois de um tempo, acabei me acostumando. No escuro, me lembrava de dar quatro passos a mais antes de dobrar à esquerda, e de inverter o caminho na volta. Também adquiri o hábito de me inclinar na sua direção na ida e na volta, para checar sua figura adormecida espalhada entre os travesseiros, com a respiração suave tão diferente da minha.

Lembra o dia em que voltei para casa e encontrei você e tia Janine rindo com cara de sapeca? E tia Janine falou:

– Chika, como é que o tio Mitch faz quando está dormindo?

Você imitou um ronco alto que parecia um leão cuspindo uma bola de pelos e eu sorri feito um bobo e falei:

– Que ótimo, mais um par de ouvidos para me vigiar.

Bom, era verdade, claro. Um segundo par de ouvidos, um segundo par de olhos, de braços e pernas, uma segunda cama que precisávamos contornar. É isso que muda junto com o tempo:

O espaço.

Antes de você, Chika, nós éramos uma dupla. Agora éramos um trio. Nosso carro passou de um casal no banco da frente para você e tia Janine no banco de trás, e eu ao volante feito um chofer. Mesas para dois se transformaram em mesas para quatro e uma decisão: qual de nós dois ia se sentar ao seu lado e ajudar você a cortar a comida? Nós nos expandimos de todas as maneiras, e isso rapidamente se tornou a norma.

De repente, éramos três. Três poltronas em um cinema. Três lugares em uma loja de sapatos, em uma sala de espera ou no consultório do dentista.

E três lugares na clínica de radioterapia do Hospital Beaumont, em Royal Oak, Michigan, em uma segunda-feira de manhã, onde uma enfermeira apareceu e perguntou se você estava pronta para pôr um "capacete especial", e você encolheu os ombros e disse "tá bom". Nós nos levantamos e caminhamos juntos, todos de mãos dadas, um, dois, três, por um longo corredor e para dentro do ringue.

É julho de 2015 e faz um calor escaldante. É a primeira vez que volto à missão desde que Chika se foi. Ela é a única de nossas crianças que já foi aos Estados Unidos, e menos de trinta segundos depois que entro pelo portão as outras me cercam e começam as perguntas.
– Chika está morando com você?
– Chika está dormindo na sua casa?
– Chika tem um quarto só para ela?
– Chika tem um cachorro?
Elas perguntam quando Chika vai voltar. Dizem que estão guardando a sua cama e que ninguém mais está dormindo nela.
No dia seguinte, penduro no escritório da escola um desenho que Chika fez. Nele está escrito: "Oi, todo mundo. Estou brincando e me divertindo. Um beijo, Chika. P.S.: Estou com saudades."
As crianças encaram o desenho. Chika agora é diferente delas, está do outro lado do portão, sob os meus cuidados. Uma de nossas meninas pergunta se também pode ir para os Estados Unidos, e eu respondo que não, agora não.
– Mas por quê? – pergunta ela. – Eu também não tenho mãe.

Nós

– Tio Mitch?
Hum?
– Por que você guardou isso?

Chika estende a mão por entre um grampeador, canecas de café, elásticos e uma caixa de lenços de papel (minha escrivaninha parece o cantinho da promoção em uma grande papelaria) e pega um porta-retratos: nele está enquadrado um questionário escolar do Haiti que ela preencheu apenas duas semanas antes de ir para os Estados Unidos.

Depois de "Nome", ela escreveu "5". Depois de "Idade", escreveu "Chika".

Mais embaixo, teve que completar a frase:

"Quando eu crescer quero ser _____."

Ela escreveu uma palavra apenas.

GRANDE.

– Por que você guardou isso? – repete Chika.

Como responder? Porque um dia aquilo nos fez rir? Porque depois nos fez chorar? Porque eu hoje olho para aquilo e discuto com Deus perguntando por que um simples pedido não pôde ser atendido?

Quando eu crescer quero ser... GRANDE.

Eu não sei, Chika. Algumas coisas a gente simplesmente guarda.
– Eu fiquei grande – diz ela.
Quando?
Ela baixa os olhos.
– Você não lem-bra? – Ela estufa as bochechas como se estivesse enchendo um balão.
Recosto-me na cadeira.
Lembro, sim, respondo.

§

A dexametasona é um corticoide usado para reduzir inflamação. Chika começou a tomá-lo antes do tratamento com radiação, pequenos comprimidos que engolia junto com purê de maçã. Como jornalista esportivo, eu já tinha escrito sobre atletas que usam corticoides para ganhar massa muscular, e a primeira vez que ouvi os médicos se referirem ao remédio como "Dec", por causa do seu nome comercial Decadron ("Quanto Dec ela está tomando?", "A gente pode aumentar o Dec dela"), a frase me lembrou o contexto esportivo. Jogadores de futebol americano que tomavam esses remédios falavam em "ficar grande". E, de fato, em pouco tempo Chika ficou grande, mas não do mesmo jeito que eles.

O corticoide fez murchar o tecido próximo ao tumor, mas a fez inchar em todos os outros lugares. Ela desenvolveu um apetite voraz. Seu café da manhã passou de uma banana a três ovos, cereal, uvas e duas torradas com manteiga de amêndoas. No jantar, ela comia tanto quanto eu. Tomávamos cuidado para não responder a esse apetite aumentado com alimentos ultraprocessados, mas a fome de Chika não fazia distinção. Ela repetia o salmão. A couve-de-bruxelas. A salada *caesar*. Quando me via comendo alguma coisa, sua voz ficava aguda:

– O que é iiiiisso, tio Mitch?

E eu dizia:

– Sanduíche de peru.

E ela desviava os olhos e balbuciava:

– *Ah*, como eu queria um sanduíche de peru.

Em menos de dois meses tomando corticoide, Chika parecia outra pessoa. Ganhou uma papada, e tinha as bochechas tão inchadas que dava a impressão de estar armazenando nozes. Aprendi que existe um termo médico para isso, *rosto de lua cheia*, que soa como o apelido dado por uma criança maldosa, e fiquei preocupado com o que as outras crianças diriam a Chika. Seus braços e pernas agora tinham covinhas, e sua barriga estava visivelmente protuberante. Ela passou de 22 para 33 quilos.

Nada disso diminuiu sua alegria. Seu sorriso conservou o mesmo brilho, mas em vez de se espalhar por seu rosto, ficava apertado entre as bochechas. Sua boca e seu olho esquerdo continuavam caídos e ela ainda andava puxando a perna esquerda, mas os médicos disseram que isso talvez mudasse caso a radioterapia fizesse efeito.

Aprendi que, apesar da grande complexidade do cérebro humano, tudo que um invasor como o DIPG precisava fazer era pressionar determinado ponto em determinado lóbulo e pronto: seu olho caía, suas pernas perdiam a firmeza, sua voz ficava lenta. Bastava diminuir a pressão para os sintomas desaparecerem. Era quase mecânico demais, como se fosse possível gritar para o tumor "Para trás!", e tudo voltaria a ser como antes.

A radioterapia tinha esse objetivo, um raio de partículas subatômicas com alvo preciso e o mesmo poder destruidor de uma bomba. Todos os dias de manhã, cinco dias por semana, Chika era posta dentro de um imenso aparelho, com a cabeça presa por um capacete e os olhos sem outra alternativa a não ser encarar o interior do tubo. Os enfermeiros que a preparavam se mostravam sempre animados: "Você é incrível, Chika! Você arrasa!" Mesmo assim me pergunto o que a incrível Chika pensava quando aqueles enfermeiros precisavam sair da sala antes de o aparelho ser ligado.

Ao todo, ela fez seis semanas de radiação. Nós inventamos rotinas para tornar mais divertido: ela assinava seu nome ao chegar e escolhia a música que ia escutar durante a sessão. Mas o corpo de Chika pagou um preço. Os cabelos atrás de sua orelha direita sumiram, porque a radiação destrói as células saudáveis junto com as cancerosas, em especial as que se desenvolvem depressa, como as células capilares. Às vezes, à noite, ela suava e se revirava na cama gritando em creole: "*Doktè! Doktè!*"

Mesmo assim, com o tempo o tumor murchou de modo considerável, mais do que se esperava. O oncologista responsável pela radioterapia, Dr. Peter Chen, mostrou-nos imagens em grandes monitores de computador e exames de ressonância magnética. *Estão vendo aqui? Isso foi assim que ela chegou. Agora olhem.* No início do outono, quando eu a levei a um parque para dar comida aos patos e comer torta de maçã, o tumor de Chika tinha regredido 25 por cento.

Vinte e cinco por cento?

– Talvez até trinta – disse o Dr. Chen.

Fomos tomados por uma sensação de força. Em sua primeira tacada, Chika tinha marcado três pontos de cara.

– Ela vai vencer isso – disse Janine. – Por que ela não pode ser a primeira?

Com o passar do tempo, Chika ganha roupas, algumas compradas por nós, outras doadas por nossos amigos. Ela gosta de se arrumar, e quanto mais babados a roupa tiver, melhor. Fica andando pela casa com os sapatos de salto de Janine. Se enrola em vários colares. Usa dois chapéus ao mesmo tempo.
– Ela gosta de enfeitar o pavão – brinca Janine.
Um dia, Chika e eu estamos saindo de casa.
– Espera um pouco – eu digo. – Tem uma coisa no seu rosto.
– O quê? – pergunta ela.
Pego um guardanapo. Limpo a área em volta dos seus lábios.
– Está meio molhado aqui. Como você se molhou?
– Tio Mitch! – Ela ergue as mãos. – Isso é o meu brilho labial!

Nós

O verão já acabou quando Chika torna a aparecer. Eu troco o short pela calça comprida e desligo o ventilador de teto do escritório. Chika sempre gostou desse escritório. Ao passar pela porta, ela erguia os olhos para as estantes altas. Sabia que era onde eu escrevia, e que eu precisava de silêncio quando estava trabalhando. Talvez poder entrar ali a fizesse se sentir especial.

Dessa vez, quando chega, ela me cutuca por trás e eu quase pulo da cadeira. Ela dá uma gargalhada histérica.

– O que você está fazendo? – pergunta.

Escrevendo.

– Sobre mim?

Como você queria.

– Hmpf.

Ela se vira para o piano atrás de nós.

– Vamos tocar alguma coisa.

Por causa dos meus antigos dias de musicista, sempre tive um piano no escritório. Até hoje, quando me perco na selva da escrita, recorro a ele para me guiar ao caminho de volta. Chika começa a batucar as teclas, criando a mesma cacofonia que costumava criar quando estava viva.

– Sem bater – eu costumava ralhar.

Até que um dia a levei para visitar um amigo, um músico de jazz, que ficou escutando calmamente enquanto ela batucava, então se postou ao seu lado e começou a tocar uma linha de baixo com a mão esquerda e alguns acordes com a direita, uma cama melódica para acolchoar os sons aleatórios que ela estava produzindo. Essa foi a última vez que eu disse a Chika o que tocar. Tudo neste mundo é música, se você souber escutar.

Nós nos sentamos e tocamos "Jingle Bell". Canções natalinas eram sempre bem-vindas. Eu canto a letra: *Pela neve nós vamos, em um trenó de um cavalo, por campos passamos...*

– "Pelos campos" – corrige ela.

Pelos campos?

– É.

Não é "por" campos?

– Não. Olha só. – E ela canta: – *Pela neve nós vamos, em um trenó de um cavalo, pelos campos passamos...*

Começo a cantar com ela, mas Chika tapa minha boca com a mão e então termina com o verso: *e rimos adoidado, ha-ha-HA!*

Pergunto, sorrindo: Você precisa fazer isso?

Ela sorri também. Quase sempre que cantávamos, Chika tapava minha boca com a mão, um sinal claro de que aquilo era um número solo. Na época isso me fazia rir. Me faz rir até hoje.

– Tio Mitch? Por que você escreveu essas palavras?

Que palavras?

Ela desliza para fora da banqueta e volta à escrivaninha. Aponta para o bloco pautado e para o número três da lista.

– Essas.

LIÇÃO TRÊS

Uma sensação de assombro

Nós a levamos à Disneylândia uma vez, Chika. Lembra? Foi depois da radioterapia. Você estava curiosa sobre o castelo da Bela Adormecida que aparece no começo de todos os filmes da Disney. "É de verdade?", você perguntava, e nós respondíamos que sim, e que um dia a levaríamos para conhecer. Certa noite, depois de pormos você na cama, tia Janine e eu olhamos para o pedaço de pele nua em sua nuca. Sua testa estava suada. E falamos um para o outro: "Estamos esperando o quê?"

Fizemos as reservas. Pegamos um avião até a Califórnia. Eu comprei ingressos para um dia de semana, torcendo para não estar tão cheio, e chegamos antes mesmo de o parque abrir.

O que eu mais me lembro é da primeira coisa que você fez. Nós entramos pela Main Street e passamos em frente às lojas de suvenir. Os brinquedos ficavam mais adiante, e eu me perguntei qual deles faria você gritar "A gente pode ir *nesse?*".

Em vez disso, nós passamos por um laguinho e um pato cinza saiu da água. E com o simulador de voo espacial Astro Orbiter à sua direita, a montanha-russa Thunder Mountain à sua esquerda e o castelo da Bela Adormecida bem na sua frente, você apontou e gritou:

– Olha! Um pato! – E saiu correndo atrás dele, rindo, toda animada. – Pato! Pato!

Olhei para tia Janine, que também estava sorrindo. Com todas aquelas atrações do parque, você ficou impressionada com outro ser vivo.

§

Se as primeiras palavras a saírem da boca de uma criança são "mamãe" ou "papai", a seguinte deve ser "Olha!". Pelo menos assim me parecia. Como tio, eu já tinha visto inúmeras vezes sobrinhas e sobrinhos levantarem rabiscos – "Olha, mamãe!" – ou se prepararem para mergulhar na piscina – "Olha, papai!" – ou então pegarem um brinquedo na prateleira de alguma loja – "Olha, tio Mitch!". Como bons parentes, nós meneávamos a cabeça e dizíamos: "Que legal" ou "Caramba".

Mas confesso que me sentia desconectado. Aquilo nunca era tão fascinante para mim quanto para eles.

Aí você chegou, Chika. E talvez por eu estar mais velho, ou talvez porque os seus olhos fossem tão mais abertos do que os meus, ou talvez porque simplesmente seja diferente quando a criança está sob os seus cuidados, alguma coisa despertou. Eu comecei a me inclinar para ver pequenos milagres do jeito que você os via. Patinhos correndo. Sapos escondidos no mato. O vento levando uma folha que você estava prestes a pegar. Uma das melhores coisas que uma criança pode fazer por um adulto é puxá-lo para baixo, até mais perto do chão, para fazê-lo ouvir melhor as vozes da terra.

Você fez isso por mim, Chika. Nós nos enterramos em folhas. Estudamos formigas no quintal de casa. Rolamos na neve, o que lhe causou espanto na primeira vez, e fizemos seu primeiro boneco de neve. Você me pôs do outro lado de uma lente de aumento ou de um telescópio de brinquedo, e através dessas lentes pude me fascinar com o mundo da mesma forma que você. Você era um antídoto infalível para as preocupações de um adulto.

Tudo que precisava dizer era: "Olha!"

Olha. Uma das coisas mais curtas que se pode dizer. Mas nós não olhamos de verdade, Chika. Não quando somos adultos. Nós olhamos superficialmente. Olhamos de relance. E seguimos.

Você olhava. Seus olhos faiscavam de curiosidade. Você pegava vaga-lumes e perguntava se eles funcionavam com pilhas. Desenterrava uma moeda e perguntava se aquilo era um "tesouro". E, sem precisar que lhe dissessem, sabia que as descobertas deveriam ser compartilhadas.

– Cheira *também* – dizia, estendendo uma flor perfumada.

– Come *também* – dizia, estendendo um chocolate.

E eu obedecia. Fazia igual a você. Corria atrás do seu trenó ladeira abaixo. Montava o cavalo atrás do seu no carrossel. Mergulhava atrás de você na piscina, lembra? Você inventou uma brincadeira em que uma das bordas da piscina era os Estados Unidos e a outra o Haiti, e você nadava entre uma e outra levando arroz e feijão de um lado para o outro e dizendo:

– Tomem! Podem comer! Nham!

Não sei de onde você tirou isso, Chika, nem por que isso a fazia rir tanto. Só sei que eu fiquei nadando ao seu lado de um país para o outro, e a sua imaginação era algo lindo de se ver.

As crianças se assombram diante do mundo. Os pais se assombram com o assombro dos filhos. Ao fazer isso, somos todos crianças juntos.

Então você me ensinou isso, Chika. Ou reacendeu, caso essa sensação de assombro permaneça dentro de todos nós como uma chama piloto. As suas ações – engatinhar para debaixo da mesa em uma missão secreta, arrumar minúsculas xícaras para um chá de mentirinha – eram tão atemporais que quase apagavam a urgência pairando acima da sua cabeça.

Mas os meus receptores, que eram do tipo adulto, não podiam ignorar essa urgência.

O sucesso relativo da radioterapia tinha aumentado nossas esperanças, e feito até sua boca e seu olho esquerdo se aproximarem da simetria normal. Seu andar melhorou. Você corria e dançava. O verão passou e você estava melhor do que antes. Progresso, portanto, certo?

Mas eu fora alertado pelos médicos de que isso talvez fosse um período de "lua de mel", de que o invasor no seu tronco encefálico estava "adormecido", mas não tinha sido eliminado, de que era um vulcão recuperando as forças.

Fique atento, dizia a mim mesmo. *Preste atenção.*

§

A realidade me atingiu em cheio justo durante uma partida de futebol americano universitário, em meados de setembro, no imenso estádio da Universidade de Michigan, afetuosamente conhecido como The Big House, "o Casarão".

Éramos mais de 100 mil torcedores naquele sábado, e do meu lugar na tribuna de imprensa, onde eu estava para escrever minha coluna esportiva, olhei para baixo pouco antes de o jogo começar e vi uma família entrando em campo. O apresentador bradou: "*E quem está vindo tirar cara ou coroa junto com os capitães de cada time é Chad Carr. Estamos todos torcendo e rezando pela família Carr.*"

Engoli em seco. A família Carr era composta pelo ex-treinador do time de Michigan, Lloyd Carr, que eu conhecia bem, seu filho Jason, a esposa de Jason, Tammi, e seus três filhos, entre os quais o caçula, Chad, que tinha 4 anos e fora identificado especificamente pelo apresentador.

Porque Chad Carr, assim como você, Chika, tinha um DIPG.

Eu o vi ser carregado no colo do pai, imóvel, um menino lindo com cabelos louros. Sua luta havia se transformado em uma história conhecida em Michigan, tema de reportagens na televisão e na mídia impressa. Eu havia conversado várias vezes com Tammi. Ela me contara tudo que sabia sobre a doença, e me apresentara a uma comunidade formada por famílias escalando a montanha do DIPG em nível mundial, compartilhando informações relevantes, as armadilhas a serem evitadas, e às vezes, dolorosamente, a notícia dos que tinham sucumbido. Essas famílias confiavam umas nas outras de um modo que desconhecidos nunca confiariam, e se telefonavam à noite e nos fins de semana. No entanto, sem um caminho trilhado para vencer o DIPG, todas elas em determinado momento precisavam fazer uma escolha, sem garantias de que iria funcionar.

Eu temia essa parte da conversa: *"Então, o que vocês acham que vão fazer?"* Era como aqueles filmes sobre catástrofes nos quais um grupo decide ficar no telhado e outro na escada, e você sabe que não tem como os dois saírem vivos.

Estamos torcendo e rezando pela família Carr. O que isso significava? Teria havido algum revés? Eu sabia que os pais de Chad estavam tentando de tudo. Ele estava no décimo segundo mês depois do diagnóstico. Você, Chika, estava no quarto.

Uma fase de lua de mel. Adormecido, mas não eliminado. Os alertas dos médicos nunca me saíam da cabeça. Nesse dia, eu cheguei em casa e você estava comendo com tia Janine.

– Tio Mitch, a gente está comendo peixe rosa! – gritou você, querendo dizer salmão. Chamei tia Janine de lado.
– Chika está tendo um dia bom – disse ela.
– Estou vendo.
Ela me encarou nos olhos.
– O que foi?
Hesitei.
– Pode ser que isso não dure. A gente precisa continuar tentando.

Certa noite, Janine está lendo para Chika um livro da coleção Os vegetais. A história é sobre acreditar em Deus.
– Deus tem poderes? – pergunta Chika.
– Tem – respondemos.
– Ele é corajoso?
– É.
– Ele protege os cavalos?
Não tenho ideia de onde saiu isso.
– Deus protege tudo – afirmamos.
– Deus criou o mundo inteiro – cantarola ela. – E o univer-sidade!
– O universo?
– É, é, o universo. Isso aí.

Eu

Vários dos meus colegas de universidade viraram médicos. Eu me lembro de visitar um deles nos anos 1980, quando a epidemia da aids estava no auge. Falei alguma coisa sobre como a doença parecia impossível de vencer.

– Vão achar a cura da aids mais rápido do que a cura do câncer – disse o meu amigo.

Isso me marcou. Anos mais tarde, quando Morrie Schwartz me apresentou ao mundo da ELA, escutei a mesma coisa. "Vão achar a cura da ELA mais rápido do que a cura do câncer."

Até onde minha memória alcança, o câncer pairava como uma nuvem escura, impávido e imperioso. Vi meu tio morrer de câncer no pâncreas aos 44 anos, quando eu tinha 21. Meu irmão iniciou uma batalha da vida inteira contra a doença quando tinha apenas 29 anos. Debbie, irmã de Janine, lutou por quinze anos contra o câncer de mama antes de por fim, ainda lutando, sucumbir. Nós a enterramos aos 56 anos.

Mas uma criança? Um tumor no cérebro de grau quatro? Eu não estava preparado para essa luta. Consequentemente, meu processo de aprendizado foi rápido e revelador. Muitas vezes me deixou com raiva. Eu já conhecia as incríveis vantagens da quimioterapia, e sabia como essas vantagens conduziam a uma pressão insidiosa a favor desse tratamento: quando os pacientes sugeriam outra abordagem, os médicos se mostravam condescendentes e descartavam as alternativas como arriscadas, não comprovadas ou até mesmo enganosas.

Janine e eu estávamos longe de ser profissionais da medicina. Mas uma coisa nós sabíamos: não havia indícios de sucesso da químio em casos de DIPG.

Era preciso encontrar outro caminho para escalar a montanha.

– Você sabia que quando injetamos quimioterapia por via intravenosa para tratar um tumor no cérebro, apenas três por cento da medicação chega de fato ao cérebro? – disse-me um médico chamado Mark Souweidane em uma visita ao hospital Memorial Sloan Kettering, em Nova York. – Existe uma coisa chamada barreira hematoencefálica, uma membrana muito seletiva em relação ao que deixa passar. Três por cento. O resto simplesmente fica na corrente sanguínea.

Isso para mim foi uma revelação, e também um forte argumento contra a quimioterapia convencional. Por que disparar flechas para tentar acertar um alfinete?

Souweidane, um homem alto e atencioso de cabelos bem curtos, estava decidido a encontrar uma solução melhor. Ele fora criado em Michigan e tinha uma inclinação para consertar coisas. Havia começado a trabalhar com o DIPG bem cedo na carreira. Achava que resolveria a questão "em dois anos".

E 25 anos depois, ainda estava elaborando um plano de batalha. Tinha iniciado um estudo clínico de algo chamado "infusão intersticial" (conhecido em inglês como *convection enhanced delivery*, ou CED). Basicamente, a CED chegava bem mais perto do problema inserindo um tubo no tronco encefálico e administrando lentamente a medicação para matar o câncer bem dentro do tumor.

Era uma abordagem arriscada. Administrar qualquer coisa diretamente dentro do cérebro sempre é. E, por ser um estudo, o procedimento significava uma burocracia enorme, uma autorização para ser objeto de estudo, várias idas ao Sloan Kettering para acompanhamento. E zero garantia.

Mas ali estava um médico dotado de empatia concentrado diretamente no DIPG, e Chika se qualificava para o programa. Se íamos de fato escalar aquela montanha, se, como dizia Janine, "Por que ela não pode ser a primeira?", nós teríamos que desbravar um novo caminho.

Reservamos um quarto de hotel.

Fizemos a mala.

Pegamos um avião para Nova York.

Estamos todos dentro do carro. Eu no volante, Janine e Chika no banco de trás.

Chika começa a cantar.

– Dó, ter perna de alguém...

– "Pena", meu amor – diz Janine.

Chika para de cantar.

– O quê?

– "Pena de alguém". Não "perna de alguém". Pena quer dizer tristeza. A letra é assim.

Chika passa alguns instantes pensando. Cruza os braços.

– Não!

– Não?

– A boca é minha! Eu posso falar o que eu quiser!

Você

Chika, eu quero escrever sobre a sua voz, porque sempre penso nela e a escuto o tempo todo.

Toda criança tem uma característica que se destaca quando a conhecemos. *Aquela dos cachos compridos. Aquela da risada esquisita.* A sua era a voz. Sua voz era um reflexo perfeito de você. Era um camaleão, vivia mudando. Aguda e ribombante durante o dia. Melodiosa e terna à noite. Rouca e delicada de manhã, tão rascante que tia Janine e eu brincávamos dizendo: "Ela não andou fumando, andou?"

Um "Tá booooom" arrastado quando você concordava relutantemente conosco; um "POR QUÊ?" que parecia um tiro de canhão quando não conseguia o que queria. O sussurro de uma fada quando você dizia "desculpa", e um pio de pavão quando ganhava um jogo. (Eu me lembro de jogarmos Jogo da Velha e de você entoar "Tchauzinho!" quando ganhava. Ser zoado por uma menina de 5 anos.)

Sua voz foi feita para cantar, Chika; você tinha um timbre lindo, e muitas vezes à noite ficava cantando baixinho para si mesma. Mas quando queria, tinha um vozeirão do mesmo calibre de Ethel Merman. Uma vez, tia Janine estava ajudando você a vestir a camisola, e enquanto se remexia para passar os braços pelas mangas você ficou cantando "L-O-V-E", de Nat King Cole, que faz parte da trilha do filme *Operação Cupido*. Quando chegou ao final da música, a um verso que falava sobre amor, você abriu os braços e jogou a cabeça para trás, como se a imensa plateia de uma casa de shows estivesse aplaudindo efusivamente. Com que alegria você se apresentava!

Sua voz era um cata-vento a nos dizer para que lado você estava soprando. Durante a viagem para Nova York, você se mostrou particularmente eloquente: me fez muitas perguntas, disse coisas engraçadas para o comissário de bordo e fez uma contagem regressiva de vinte a zero até as rodas tocarem a pista. Quando nos levantamos para desembarcar, um homem que tinha viajado sentado na fileira atrás de nós disse:

– Com licença, eu só queria dizer ao senhor que a sua filha tem uma voz linda.

Esse comentário me comoveu muito. Fiz questão de que você lhe agradecesse pelo elogio, sem dizer nada sobre o efeito que as palavras "sua filha" tiveram em mim.

Dizem que os olhos são a janela da alma, Chika, mas a sua voz era o eco da sua, e ela nos faz falta todos os dias. Sua voz era tudo aquilo que você é, ou foi, ou continua sendo em algum outro lugar, quando não está aqui comigo de manhã, rolando pelo carpete bordô.

Nós

– Tio Mitch?
Sim?
– Eu não gostei muito de Nova York.
Você detestou. Foi o que me disse.
– Eu não detesto mais as coisas.
Ela se deita de costas.
Bom, no começo você gostou.
– Eu gostei da loja de brinquedos grande.
Com certeza.
– Mas não do hospital.
A maioria das pessoas não gosta de hospitais.
– Por que você me levou lá?
Para Nova York?
– Aham.
Recosto-me na cadeira. Passo algum tempo pensando.
Por esperança, respondo. Entende o que eu quero dizer? Esperança? É um bom motivo para fazer alguma coisa?
– É – diz ela, rolando de bruços. – É um bom motivo, sim.

⸸

Quando pegamos aquele voo para Nova York, Chika já estava mais que acostumada a viajar de avião. Ela entregou seu cartão de embarque para os funcionários da TSA. Passou pelos detectores de metal com seus tênis de luzinhas. Precisava ir ao banheiro com frequência, e sempre que viajávamos sem Janine eu a guiava até o banheiro feminino do aeroporto e ficava esperando do lado de fora, olhando para o relógio.

Uma vez ela demorou mais do que o normal. Comecei a ficar preocupado. Uma mulher de meia-idade e sobretudo longo me viu ali nervoso e perguntou:

– Posso ajudar?

Expliquei a situação, e ela, gentil, entrou no banheiro e gritou:

– Tem alguma Chika aqui?

Fez-se uma longa pausa.

– Quem está me chamando?

Reprimi um sorriso.

– Tem um homem esperando você lá fora – disse a mulher.

– Eu sei, eu sei! – gritou Chika de volta. – É o tio Mitch!

Quando ela apareceu, pôs a mãozinha na minha, os dedos úmidos depois de ter lavado as mãos na pia.

– Precisei fazer cocô – falou, e nós seguimos em frente.

Ao ler essas palavras, dou-me conta de que às vezes, devido à personalidade de Chika, é fácil esquecer sua doença, e houve momentos durante aquele primeiro ano em que nós quase esquecemos. Ela tantas vezes brincava, dançava, tinha uma energia tão sem limites, que olhando de fora ninguém imaginaria que houvesse algo de errado. Mesmo com as mudanças no seu rosto e corpo, ela se admirava maravilhada no espelho, e rebolava os quadris agora generosos. Muitas crianças teriam pelo menos perguntado por que estavam engordando tanto. Mas a autoestima de Chika era uma rocha. Nada no espelho parecia abalá-la.

Apesar disso, algumas palavras nunca me saíam da cabeça. *A fase de lua de mel. Adormecido, mas não eliminado.* Era justamente por isso que estávamos em Nova York. Não queríamos impedir o avanço do tumor; queríamos erradicá-lo.

Na noite anterior ao procedimento de CED, Janine e eu a levamos para passear pela Times Square lotada. Ela ficou olhando maravilhada para os letreiros de vários andares e para as luzes de néon. Personagens vestidos de Homem-Aranha, Olaf e Buzz Lightyear passeavam livremente pelo meio das pessoas, e ela correu até eles querendo conversar. Quando estávamos indo embora, um dos bonecos tirou a enorme cabeça e correu as mãos pelos cabelos suados.

– Ué! – guinchou Chika. – Tem um homem dentro do Mickey!

Mais tarde fomos à imensa loja da rede Toys "R" Us, com quatro andares e uma pequena roda-gigante lá dentro. Espremêmo-nos os três em um compartimento cor-de-rosa. Chika riu quando ele começou a se mover, mas quando o compartimento subiu, ela agarrou o braço de Janine e soltou um ganido assustado.

Nós também estávamos com medo, por outros motivos. Mais cedo naquele dia, eu tinha novamente assinado formulários reconhecendo os riscos da cirurgia que Chika iria fazer. Dessa vez, os desfechos em potencial incluíam "paralisia" e "morte". O Dr. Souweidane, que defendia apaixonadamente aquele estudo clínico e usava o adjetivo *elegante* para descrever a ciência da pesquisa oncológica, também assinou os papéis.

Ele então disse que queria me fazer uma pergunta, e eu falei tudo bem. Explicou que era fascinado pela motivação das pessoas, e será que eu poderia lhe dizer por que decidira fazer aquilo? Trazer Chika lá do Haiti, pagar todas as suas despesas médicas (no começo, sem plano de saúde, tivemos que pagar do nosso bolso a maioria dos seus tratamentos), explorar todas aquelas diversas alternativas quando ela não era minha filha.

Fiquei espantado. Ninguém nunca tinha me perguntado "Por quê?". Acho que respondi que nunca tinha considerado aquilo uma escolha. E que na verdade não importava de quem ela era filha.

Mas eu então lhe fiz uma pergunta: por que alguns médicos, especialistas daquela área, dão um determinado conselho em relação à luta contra o câncer, enquanto outros igualmente especialistas dão outro?

Ele cruzou as pernas e aquiesceu como se eu tivesse acabado de bater na porta certa.

– A verdade é que nós não sabemos. Até mesmo neste estudo, eu não sei se o que estou usando é o agente correto. Ninguém sabe. Mas não podemos apenas ficar parados como ficamos por décadas, fazendo sempre as mesmas coisas.

Naquela noite, no quarto de hotel, quando estávamos nos preparando para ir dormir, eu me peguei observando Chika e pensando no pior: e se alguma coisa der errado? E se hoje for a última noite em que vamos poder falar com ela? O Dr. Souweidane tinha sido bem claro: bastava um posicionamento errado do cateter para a menina que nós conhecíamos desaparecer.

– Tio Mitch, por que você está me olhando? – perguntou Chika por fim.

Eu não podia dizer a verdade: que estava tentando gravá-la na memória. Que estava pensando que nós fôramos abençoados com a melhor criança possível na pior circunstância possível.

Em vez disso, dei de ombros e balbuciei:

– Desculpa.
Ela balançou a cabeça com os lábios franzidos, como se estivesse sentindo o gosto daquela amargura invisível.
– Tudo bem – decidiu. – Pode olhar.

Na manhã seguinte, quando o sol mal havia despontado no céu de Nova York, Chika foi levada de maca para uma sala de cirurgia. Janine e eu encontramos cadeiras na área de espera e passamos o tempo com café morno e lanches deixados pela metade. Lemos. Olhamos nossos relógios. Andamos de um lado para outro. O procedimento de CED era como planejar uma viagem ao espaço. Eram necessárias muitas horas com modelos de computador para traçar o percurso do cateter até o cérebro. A precisão era crucial. Não havia como apressar o processo.
Por fim, no início da tarde, o Dr. Souweidane apareceu e nos informou, aliviado, que até então tudo tinha corrido bem. Pudemos ver Chika, que estava dormindo em uma cama de rodinhas, com parte dos cabelos raspada acima da testa. Havia um tubo espetado em seu crânio e aparafusado no lugar. Disseram-nos que ele ficaria inserido por até doze horas enquanto um anticorpo com iodo radioativo era administrado devagar, diretamente dentro do tumor.
Devido à potência desse agente, disseram-nos que se quiséssemos passar a noite com Chika teríamos que dormir atrás de uma meia-parede revestida de chumbo, para nos protegermos da radiação. Tínhamos também que usar pequenos aparelhos para monitorar nossa exposição. Alertaram-nos para não chegar muito perto, e nunca por mais de poucos segundos. Era como se estivéssemos em uma usina nuclear, e Chika tivesse ficado radioativa.
Embora tenham nos aconselhado a dormir em outro lugar,

nem Janine nem eu quisemos deixá-la sozinha. Ela luta, nós também lutamos. Então afundamos nas cadeiras atrás da meia-parede de chumbo e prometemos avisar um ao outro se começássemos a brilhar. A noite caiu e durou muito tempo.

Quatro

A hora de dormir em nosso orfanato é logo depois da oração. As crianças se dispersam e arrastam os pés até o quarto. As mais novas, cansadas por causa do calor do dia, muitas vezes já estão dormindo no colo das cuidadoras. As mais velhas ficam zanzando em círculos, usando qualquer desculpa para continuar do lado de fora. Resta pouca coisa a fazer. Não há televisão. Não há computadores. Não há telefones. Quando falta energia na cidade, como acontece todas as noites, ficamos em completa escuridão até alguém ligar o gerador.

Eu vou de quarto em quarto e conto histórias a cada grupo, sobre princesas e unicórnios para as crianças mais novas, sobre adolescentes com superpoderes para as mais velhas. Depois dou um beijo de boa-noite em cada uma. De vez em quando, se as meninas pequenas pedem, eu canto uma canção, e elas ficam quietinhas, prestando atenção, uma plateia inteirinha de bruços. Li em algum lugar que a primeira música criada talvez tenha sido uma canção de ninar. Seja como for, isso as ajuda a dormir.

Quando Chika chegou aos Estados Unidos, perguntei se ela queria ouvir uma canção de ninar antes de apagar as luzes. Ela respondeu que sim, então lhe cantei uma, e a repeti na noite seguinte *e na outra. Isso passou a ser nossa pequena rotina: eu sentado na beirada de sua cama pouco antes de ela pegar no sono, fazendo carinho em sua cabeça e cantando a melodia da "Canção de Ninar de Brahms". Inventei a seguinte letra:*

Boa noite, boa noite
Durma bem, pequena Chika
Boa noite, boa noite
Hora de ir para a cama
Boa noite, boa noite
Durma bem, minha querida
Boa noite, boa noite
Hora de dormir e sonhar

Duvidava que ela estivesse ouvindo a letra. Ela pegava no sono, e isso já bastava. Meses depois, porém, Janine e eu tivemos que nos ausentar da cidade e Chika ficou com nossos amigos, Jeff e Patty. Tarde nessa noite, recebi uma mensagem de vídeo.
"Chika queria te falar uma coisa", escreveu Patty.
Em um quarto escuro, de camisola, Chika encarou a câmera e começou a cantar:

Boa noite, boa noite
Durma bem, meu querido
Boa noite, boa noite
Vai dormir você também!

Ela então emendou:
– Boa noite, tio Mitch! – E soprou um beijo.
Até hoje eu choro quando vejo esse vídeo.

Eu

Preciso te contar de onde vem minha noção de paternidade, Chika.

Meu pai foi um bom homem. Viveu até os 88 anos. Você o encontrou uma vez, quando ele já estava grisalho e corcunda, confinado a uma cadeira de rodas. Mas quando mais novo ele era bem parecido comigo agora, embora tivesse as suíças mais grossas e usasse os cabelos penteados para trás, segundo a moda da época.

Seu nome era Ira e ele cresceu no Brooklyn, filho do meio como eu, nascido entre uma irmã e um irmão. O pai dele, meu avô, era um imigrante polonês, bombeiro hidráulico, que ensinou o filho a trabalhar com as mãos apenas até ser capaz de trabalhar com a mente. Meu pai saiu do ensino secundário, entrou para a força aérea, e de lá foi trabalhar como contador. Ele era muito determinado.

Meu avô foi um homem calado, meu pai seguiu seus passos e nós, seus filhos – meu irmão, minha irmã e eu –, crescemos levando a sério as palavras saídas de sua boca. Não consigo me lembrar de ouvi-lo discorrer à toa sobre nada. Ele dizia o que tinha para dizer, então se calava. Tinha uma voz grave de barítono (um dia sonhou em ser cantor de ópera), o que fazia até mesmo seus comentários simples soarem sérios. Na maior parte do tempo ele era sério mesmo.

Meu pai era madrugador, gostava de café, de grandes bandas de jazz e de ler o jornal; era um homem paciente, trabalhador e sempre de aparência impecável. Seus ternos estavam sempre bem passados e as camisas sempre para dentro das calças, mesmo nos fins de semana. Ele nos preparava ovos mexidos com salame, que nós adorávamos, e salada de atum amassado com tanto esmero que o peixe ficava fácil de espalhar que nem manteiga. Nunca tentava chamar atenção. Não tinha nenhum hobby que o afastasse de nós. Não jogava golfe. Não jogava carteado. Ele rezava pela cartilha do sistema de valores que lhe fora transmitido, segundo o qual um homem é o provedor de sua família, e nisso reside o seu contentamento.

Por baixo dessa eficiência, porém, havia uma aura de carinho e proteção, uma alma com a qual os outros podiam contar. Quando o pai da minha mãe morreu de enfarte – ela tinha 16 anos na época – foi o meu pai, de apenas 17, quem se apresentou para assumir o controle da casa. Embora eles namorassem havia menos de um ano, ele preparava o café da manhã para a família da minha mãe, fazia as tarefas domésticas à tarde, e tornou-se um pai para o irmão mais novo dela. É muita responsabilidade para alguém que ainda não tinha terminado a escola, mas se você conhecesse o meu pai, teria dito que combinava com ele. Desde as minhas primeiras lembranças, era a ele que os outros recorriam em busca de conselhos, auxílio ou dinheiro. Ele não se esquivava desses pedidos, mas com o passar dos anos comecei a me perguntar se não sentia falta de ter tido uma juventude livre de preocupações. Às vezes a vida põe uma sela no seu lombo antes mesmo de você aprender a correr. Seja como for, ele nunca reclamou.

Sempre me senti seguro com meu pai. Tenho a lembrança de nadar com ele em um lago perto de casa, quando tinha uns 6 anos.

Nós íamos lá nos dias quentes de verão, assim como muitas outras famílias, e eu tinha saído nadando para explorar, como crianças costumam fazer.

– Não vá muito longe – recomenda meu pai, mas eu fui indo até ter a sensação de chegar em águas desconhecidas.

De repente, uns meninos mais velhos que estavam fazendo algazarra apontaram para mim e gritaram:

– Vamos pegar ele!

Não sei o que os motivou ou até que ponto estavam falando sério, mas me lembro de ter ficado apavorado, e muito consciente de como havia me afastado do meu pai. Nadei como nunca, jogando água para todo lado, engolindo um bocado, certo de que aqueles meninos mais velhos iam me agarrar pelas pernas e me puxar para alguma prisão submarina escondida. Ao alcançar meu pai, agarrei-o pela cintura, aos arquejos. Quando olhei, os meninos tinham sumido.

Meu pai mal se mexeu. Ele nunca perguntou o que tinha acontecido. Mas até hoje ainda sinto sua cintura nas minhas mãos molhadas e o reconforto que isso me proporcionou. Durante muitos anos essa foi a minha percepção da paternidade, um lugar onde uma criança pode encontrar refúgio. Talvez tenha sido por isso que assumi o orfanato. Talvez, nesse sentido, eu tenha me transformado no meu pai.

Como eu disse, Chika, você o conheceu quando fomos visitá-lo em sua casinha na Califórnia. Lembra? Foi menos de um ano depois de a minha mãe morrer, e ele estava mais abatido pela morte dela do que consigo explicar, mais até do que pelos AVCs que o haviam deixado sem conseguir andar nem falar direito. Eles foram casados por 64 anos; ele estava arrasado sem ela. Torci para que conhecer você o animasse.

Quando chegamos, falei:

– Chika, este aqui é o meu papai.

Você se mostrou hesitante, talvez espantada com o fato de eu ter um pai. Mesmo assim, abraçou-o e o chamou de "Pop". Ele reparou na faixa florida em sua cabeça e falou, com voz fraca:

– Que bonita.

Mais tarde, você se sentou no sofá do outro lado da sala e ficou fazendo piadas com as enfermeiras dele. Estava sendo boba e barulhenta, e ele se virou para mim e disse:

– Ela fala alto, né?

Tentei lembrar a ele sua história, os seus problemas de saúde, todos os tratamentos que estávamos tentando. Já havia dividido aquilo com ele muitas vezes ao telefone, mas nunca tinha certeza do que meu pai se lembrava. Nos velhos tempos, ele sempre tinha uma resposta sensível. Perto do fim, praticamente só fazia dar de ombros. O tempo é mesmo um ladrão.

Enquanto observávamos você falar bobagens, comentei que já fazia seis meses que você estava nos Estados Unidos.

– Eu não tinha ideia do esforço que isso exigia – falei.

Ele tossiu e se endireitou na cadeira de rodas. Não tive certeza se havia me escutado. Então, com um fiapo de voz, ele disse:

– Ter filhos é isso.

Quando meu pai morreu eu me senti perdido no mundo, Chika, com um anseio profundo e angustiante por um conforto que não existia mais. Senti mais falta dele do que jamais imaginei que sentiria, e meu irmão e minha irmã disseram a mesma coisa. Ele era um homem que fazia mais falta na ausência, quando todas as coisas que dávamos por certas desapareciam.

Dizem que quando envelhecemos vamos ficando cada vez mais parecidos com nossos pais. E talvez seja verdade. Se for, se eu algum dia proporcionei a você a segurança que meu pai me proporcionou, então fico feliz. Eu sei que tentei. Lembro momentos em que você e eu estávamos caminhando e, do nada, você estendia a mão e segurava a minha, entrelaçando seus dedinhos nos meus. Queria poder expressar a sensação que isso me causava, mas ela é grande demais para caber em palavras.

Tudo que posso dizer é que eu me sentia pai, e quase tudo que aprendi sobre esse papel foi com o homem que me criou, e o resto aprendi com você. Talvez não tenha sido coincidência que o dia em que o enterramos tenha sido o mesmo dia em que você voltou para mim. Eu penso muito nisso.

§

Aliás, eu já comentei sobre a faixa no cabelo. Você tinha muitas. Em cores pastel, de bolinhas, todas com uma grande flor presa por uma fivela, que nós posicionávamos do lado esquerdo da sua testa para cobrir a parte calva onde os médicos haviam raspado seus cabelos. Você descobriu a parte raspada por acidente, no dia seguinte ao seu procedimento no Sloan Kettering.

O Dr. Souweidane nos disse que as coisas tinham corrido bem. O agente radioativo fora amplamente distribuído dentro do tumor. Agora só nos restava esperar que fizesse efeito. Tia Janine e eu estávamos desmaiados nas cadeiras do hospital. Você precisou ir ao banheiro. Tia Janine se levantou devagarinho e a guiou até lá, ainda meio dormindo.

De repente, escutei um grito.

– EI! O que houve com o meu CABELO?

Tínhamos esquecido o espelho.

– EI! – você não parava de gritar. – EI, GENTE!

Você não estava exatamente com raiva, e sim confusa. Esfregou o couro cabeludo e disse que era esquisito. Nós lhe demos um gorro de lã, e você até gostou e o usou com o pijama do hospital até encontrarmos as tais faixas com flores, das quais você gostou mais ainda. Ao longo dos meses seguintes, esse era o seu visual toda vez que saíamos. Você usava uma, duas, três flores na faixa, além de camisetas de babados, meias-calças coloridas, um casaco de pele sintética e sapatos de luzinhas. Ninguém sequer percebia o pedaço de cabeça raspada de tão deslumbrante que você era.

Nós

Dois meses se passam antes de eu tornar a ver Chika. Separo umas fotografias. Assisto a vídeos. Mas as manhãs vêm e vão sem nenhuma visita, apenas recordações digitais do seu rosto e da sua voz.

Conforme vou escrevendo mais páginas, passo a refletir sobre o óbvio: que suas aparições são puro fruto da minha imaginação. Mas, se for assim, por que não consigo invocá-la sempre que quero? Quando tento, é tão inútil quanto tentar chamar um sonho.

O mês de outubro passa. Novembro se aproxima do fim. Chega o feriado de Ação de Graças, uma celebração de três dias na nossa família, e na quinta-feira de manhã vários dos meus primos batem cedo na porta, prontos para começar a cozinhar. Ainda de pijama, eu os recebo, então desço até meu escritório para os últimos instantes sozinho antes de a casa ficar lotada.

Separo uns papéis. Fecho o notebook.

– Aonde você está indo, tio Mitch?

Chika está encostada na estante usando uma comprida camisola cor-de-rosa, meia-calça azul e pantufas de coelho. Está sentada com as pernas encolhidas e os braços em volta dos joelhos.

Bom dia, linda!

– Aonde você está indo?

Não vai me dar bom dia?

– Bom dia, tio Mitch.

Eu estava indo lá para cima.

– Por quê?

Porque tem gente lá. E mais gente vai chegar. Hoje é dia de Ação de Graças.

– Aquele em que vocês comem batata cor de laranja?

Batata-doce. Isso.

Ela pensa por um momento.

– A gente pode se esconder.

Da família?

– É.

Mas eu gosto deles.

– Você pode se esconder de quem gosta.

Por que eu faria isso?

– Para eles poderem te achar! – Sua pequena boca se abre, e seus olhos se arregalam, incrédulos. – Você não quer que os outros te *ACHEM*?

Eu dou risada, porque seu tom de voz é muito familiar. Quando estava viva, Chika muitas vezes ficava chocada se você não acompanhasse sua lógica. Lembro de um dia de manhã, quando ela estava sentada diante da minha escrivaninha rabiscando um papel e cantando a música do filme *Mary Poppins* chamada "Supercalifragilisticexpialidocious". De repente, ela parou e deu um soco no papel.

– Agora é a *sua* vez de cantar – insistiu.

Minha vez?

– É. Canta.

Como é a letra?

Ela suspirou bem alto, então fez a mesma cara que está fazendo agora, de pura exasperação infantil.

– Você nunca viu *MARY POPPPINS*? – gritou ela. – Está MALUCO?

Desculpe, falei, disfarçando uma risada.

– Então vai ter que ver de novo, só isso – resmungou ela, voltando a desenhar. – Não faz mal.

Isso não era raiva, aliás, mas ela vivia tão intensamente que não conseguia evitar gritar. Em momentos como esse, eu tinha a sensação de estar me segurando no tapete mágico de Chika, sem a menor ideia de para onde seu pensamento estava voando.

– Você pode ficar escondido aqui comigo – diz ela então, encolhendo ainda mais as pernas. – A gente pode se enfiar debaixo de um cobertor.

E depois?

– Depois eles vêm te procurar. E quando eles disserem "Cadê o tio Mitch?", você pula de baixo do cobertor e diz "Estou aqui!". E eles dizem: "Ah. Olha. É ele!"

Eles vão ver você também?

Ela estala os lábios.

– Não, não, não. Eles não me veem.

Por que não?

Ela não responde.

Em vez disso, diz:

– Eu vou para o Haiti.

Chika puxa um cobertor do sofá, cobre a cabeça com ele e desaparece.

Depois de seis meses nos Estados Unidos, levamos Chika para passar o Natal no Haiti. É uma data muito importante na missão, carregada de tradições: um auto de Natal; meias penduradas no dormitório; uma refeição única no ano, composta por cabrito com banana-da-terra frita e pikliz, um prato de repolho em conserva picante.

Ela está pulando de animação. Na noite anterior, entra na cama e fica me fazendo cosquinha até eu lhe pedir por favor para parar.

Então me pergunta o que vai acontecer, passo a passo.

Enquanto eu falo, seu olhar se distrai. Ela não parece mais a mesma menina que deixou o Haiti. Perdeu cabelo. Perdeu dentes. As cirurgias. Os corticoides. Pergunto se ela está com medo de voltar.

– Um pouco – responde ela, mostrando um pequeno espaço entre dois dedos. – Estou chorando de felicidade.

É a primeira vez que ela usa essa expressão. Chorando de felicidade. Pergunto-me de onde ela tira tanta sabedoria.

Na manhã seguinte, o grande dia, ela veste uma legging branca, calça um par de tênis, e põe um casaco de moletom verde-limão com zíper e capuz por cima de uma camiseta sem mangas. Embarcamos no avião e ela fica grudada na janela. Muitos passageiros são haitianos, e ela de vez em quando se vira e diz:

– Ei! Eles estão falando que nem eu!

Assim que aterrissamos em Port-au-Prince, ela sai correndo pela pista de pouso, praticamente me deixando para trás. A banda do aeroporto começa a tocar, banjo, acordeão, violão, bongôs, e ela dança no corredor, se sacudindo e rodopiando de um jeito que prova que ali é o seu lar, pois apenas nosso lar é capaz de causar tamanha alegria.

Alain nos encontra na esteira de bagagens. Colocamos as malas no seu carro e Chika se esconde atrás do banco dele quando passamos pelos portões da missão. As crianças foram avisadas sobre a sua volta e estão entoando "Chika! Chika!" quando entramos. Alain olha para trás, impressionado, e pergunta:

– Está ouvindo isso?

– Não olha pra mim, tio Alain! – grita ela. – Olha pra outra coisa!

Quando a porta do carro se abre, todos avançam, e as babás começam a gritar e as crianças a pular, e são muitas mãos em volta dela, pegando-a no colo, ao mesmo tempo que seu rosto é coberto de beijos. Quando eles finalmente a soltam, Chika remexe os pequenos sapatos pretos no chão de terra batida. Então tira o casaco, vai correndo até os balanços, pula em um deles e começa a se balançar bem alto enquanto as outras crianças se reúnem para olhar. Se eu pudesse congelar algum instante e lhe dar de presente, talvez fosse este: ela voando acima das expressões felizes dos irmãos e irmãs maravilhados com a sua volta. Esfrego os olhos. Chorando de felicidade.

Você

Na nossa cozinha tem uma viga que vai do chão ao teto. Em algum momento, decidimos usá-la para acompanhar o crescimento das crianças da família. Nos aniversários de nossos sobrinhos e sobrinhas, medíamos sua altura, depois anotávamos o ano com lápis.

Quando você chegou, Chika, nós também pusemos você parada em frente a essa viga e fizemos uma marquinha no ponto que o topo da sua cabeça alcançava no gesso. Deixamos você escrever CHIKA. E a cada poucos meses você queria se medir outra vez. As suas marcas de lápis continuam lá até hoje.

Uma criança é como um pequeno novelo de tempo a se desenrolar. Só que o seu tempo progredia em dois níveis, pois à medida que você crescia o seu Invasor também podia crescer, o que tornava o passar dos meses ao mesmo tempo nosso amigo e nosso inimigo. Você ficou mais alta. Seus cabelos tornaram a crescer. Você perdeu dentes de leite e juntou dinheiro da Fada do Dente. Aprendeu letras maiúsculas e minúsculas. Seu inglês melhorou muito. Se eu falasse com você em creole, você revirava os olhos e dizia: "Tio Mitch, a gente agora está nos Estados Unidos."

Mas houve também idas regulares a hospitais, exames de sangue e ressonâncias magnéticas constantes do seu cérebro, tão frequentes que uma vez, quando fui lhe lembrar de ficar parada dentro do tubo, você gemeu e disse:

– Já sei, já sei. – E só para provar o que dizia, enrijeceu o corpo inteiro.

Nossa esperança era passar por um mês após o outro, como se estivéssemos pulando de cipó em cipó pela selva da medicina. Apesar do duro prognóstico do DIPG – *ninguém sobrevive a isso* –, havia sempre a chance de algo radical ser desenvolvido, algum novo tratamento a laser ou alguma medicação que alguém descobrisse por acaso. Um médico de Stanford estava tendo um sucesso inicial com um medicamento para químio chamado panobinostate. Falava-se em uma clínica inovadora no México. Um grupo baseado em Londres estava realizando aplicações de CED em múltiplos pontos, de modo bem semelhante ao Dr. Souweidane, no Sloan Kettering, só que com quatro cateteres de uma vez.

Todas as noites você fazia sua oração antes de dormir, e nós fazíamos a nossa em seguida, pedindo em silêncio que alguém em algum laboratório, talvez do outro lado do mundo, estivesse olhando por um microscópio e dizendo: "Olha, está dando certo." Quando é preciso uma arma para vencer algo invencível, Chika, nós apelamos para fantasias desse tipo. O seu tumor fora operado em junho, diminuído por radiação em julho e agosto, e não fora afetado por outros tratamentos de setembro até março do ano seguinte.

Isso era uma notícia ao mesmo tempo boa e ruim. Independentemente do que nós tentássemos, inclusive o processo de CED – que repetimos em Nova York alguns meses mais tarde –, o tumor se mantinha firme, um urso dentro de uma caverna, que não estava rosnando mas tampouco estava disposto a se mexer. O tratamento injetado pelo Dr. Souweidane diretamente no seu tronco encefálico, que emitia um brilho verde na tela de um computador, prova de sua excelente distribuição, mesmo assim não teve nenhum efeito real. Eu me lembrava da conversa com ele (*"Eu não sei se o que estou usando é o agente correto"*) e lutava contra uma sensação que me assombrava: a de que, apesar dos jalecos brancos e laboratórios, contra aquela doença os médicos estavam voando às cegas.

§

Então, enquanto isso, Chika, nós nos concentramos em criar boas lembranças. Em janeiro, depois da ida ao Haiti, organizamos sua festa de 6 anos em um barulhento restaurante temático de animais chamado The Rainforest Cafe. Você ficou cercada de crianças, nossas sobrinhas e sobrinhos, os filhos e filhas de nossos amigos, e correu em volta das mesas usando uma tiara cheia de velinhas costuradas. Nós aplaudimos quando o bolo foi trazido, e tia Janine e eu nos demos as mãos e sussurramos "Oito meses", recordando a dura previsão do Dr. Garton de que você talvez não vivesse mais de quatro.

Em fevereiro, levei você para andar de trenó pela primeira vez. No alto do morro, você se contraiu toda e fechou os olhos, mas passou a descida inteira gritando de alegria. Quando a alcancei, suas bochechas estavam molhadas de respingos de neve, e você ria tanto que mal conseguiu articular as palavras:

– A gente pode ir *de novo*?

Em março, organizamos aulas de natação, porque você sempre adorou nadar. Você colocava a touca de banho e os óculos e ficava parecendo a miniatura de uma aviadora dos anos 1920. Pulava na água dando gritinhos, e voltava à tona dando gritinhos e berrando:

– Tia Janine! Agora entra você! Agora *você*!

Então, em um dia de abril, eu deixei você na aula e fui para o trabalho. Dez minutos depois, meu celular tocou. Era tia Janine, mas a sua voz soou diferente, apressada e com medo.

– Vem para casa agora. A Chika acabou de vomitar na piscina.

"*Malè pa gen klakson.*"
[A má sorte não tem buzina.]

DITADO HAITIANO

LIÇÃO QUATRO

Forte como uma criança

Chad Carr morreu.

O menino louro feito um querubim carregado no colo pelo pai no estádio de futebol americano de Michigan morreu exatamente catorze meses depois do diagnóstico de DIPG. Estremeci ao receber a notícia. Janine começou a chorar.

Como seu avô era um treinador famoso, a morte de Chad foi notícia no país inteiro, e chamou atenção para essa doença terrível. As pessoas foram lembradas de que, muito antes de andar na lua, Neil Armstrong perdeu a filha de 2 anos para o mesmo mal, em 1962. Pouca coisa havia mudado em todos aqueles anos. O DIPG continuava a ser um ladrão enfurecido, que escolhia crianças como alvo e roubava das famílias o presente *e* o futuro.

A família Carr criou uma fundação em homenagem ao filho. Batizaram-na de Chad Tough, "forte como Chad". E embora você não esteja aqui para eu te contar isso, Chika, quero dizer que aprendi sobre essa palavra, *força*, porque as crianças, principalmente as crianças doentes, têm na alma uma força única, uma força capaz de reconfortar até mesmo os adultos angustiados à sua volta.

Essa foi uma das lições que você me ensinou.

É a quarta coisa na minha lista.

Vou dar um exemplo. Houve uma noite no hospital Sloan Kettering, durante nossa segunda tentativa do procedimento de CED, em que você estava mais uma vez recebendo o anticorpo de iodo radioativo. A substância saía de uma grande caixa, passava por um tubo comprido e descia pelo cateter até dentro da sua cabeça. Eram umas três da manhã. Eu estava dormindo em uma cadeira em frente à sua cama, atrás da meia-parede revestida de chumbo. Por algum motivo, meus olhos se abriram, e no escuro vi você em pé bem na minha frente, com a cabeça inclinada, parecendo saída de um filme de terror. O cateter despontava do seu crânio, com o tubo tão esticado para trás quanto uma corda bamba.

– Chika! – gritei.

– Eu quero ir na loja de brinquedos – disse você em um sussurro rouco.

Levei-a de volta para a cama depressa, rezando para você não ter arrancado o cateter. Gritei pelas enfermeiras, que vieram correndo, atordoadas. Passamos a hora seguinte esperando ansiosamente o Dr. Souweidane chegar. Ele também ficou atônito. Nenhum dos seus pacientes nunca tinha levantado da cama durante aquele procedimento, muito menos atravessado um quarto.

Felizmente você não causou nenhum dano, e todos nós quase desmaiamos de alívio. De manhã, você mal se lembrava do acontecido.

A força de uma criança. Eu já estive em muitos hospitais pediátricos, e cada visita é um testemunho da palavra *resiliência*: crianças jogando jogos de tabuleiro enquanto fazem quimioterapia, ou segurando suportes de infusão intravenosa enquanto seguem apressadas por corredores rumo a uma sala de artes.

Você tinha essa resiliência, Chika. Nos hospitais. No orfanato. Na verdade, você foi resiliente desde a sua primeira semana neste mundo, quando dormiu nos canaviais com sua mãe e suas irmãs. Mesmo na missão, quando quase todas as nossas crianças pegaram chicungunha, você simplesmente ficou deitada na varanda com uma toalha molhada na testa, suportando os sintomas.

No dia em que você vomitou na piscina, voltei correndo para casa e encontrei tia Janine com você no colo. Você estava enrolada em uma toalha, tinha os olhos baixos e cheirava a cloro. Mesmo assim, não reclamou. Estava mais chateada por não poder continuar nadando.

Marcamos uma consulta urgente no Mott, onde você tinha feito a primeira cirurgia. Lá havia uma pequena equipe acompanhando o seu caso, e dois médicos em especial: uma neuro-oncologista pediátrica chamada Patricia Robertson (que você chamava de "Dra. Pat") e um brilhante pesquisador chamado Carl Koschmann ("Dr. Carl"), que, se tirasse o jaleco branco e vestisse uma camiseta, pareceria mais alguém na primeira fila de um show de rock.

Os dois formavam uma dupla curiosa, com uma diferença de pelo menos trinta anos de experiência. Pediam para você andar, falar, e examinavam seus reflexos e seus olhos. Você se acostumou tanto com isso que chegava a bocejar. Mas eles a estavam medindo segundo uma escala própria, Chika, que era diferente da viga marcada a lápis na nossa cozinha.

Pouco depois do incidente na piscina, e onze meses após sua primeira ressonância magnética no Haiti, eles nos deram a notícia que estávamos torcendo para nunca receber:

O Invasor tinha se mexido.

Os últimos exames mostravam que o tumor estava crescendo. As pequenas mudanças que havíamos notado tinham relação com isso: seu olho esquerdo reagindo menos, seu caminhar meio torto. O desequilíbrio e a pressão podiam ter provocado o vômito.

A Dra. Pat recomendou aumentar o tratamento medicamentoso. Nós debatemos essa possibilidade. A medicação usada contra esse inimigo ainda era principalmente a quimioterapia. E a quimioterapia nunca tinha curado ninguém de DIPG. Ligamos para todo mundo que conhecíamos em busca de alternativas. Mas o tempo estava passando, e você estava cada vez pior.

Assim, por mais que detestássemos fazer isso, a colocamos no mundo da medicação, porque precisávamos continuar lutando, continuar passando de cipó em cipó. Tia Janine devorou textos sobre doenças do cérebro e consultou especialistas em câncer, e além dos remédios receitados pelos médicos passou a lhe dar também vitaminas, suplementos e probióticos para manter você forte. Todos os dias ela lhe dava um "shake" gigante de suplementos sabor chocolate, baunilha ou morango, do qual a princípio você gostava, mas logo precisava ser convencida a tomar.

Felizmente, tomar comprimidos não era um problema. Você muitas vezes transformava isso em brincadeira. Uma vez, no banco de trás de um carro, pus um único comprimido em uma colher cheia de purê de maçã e você provocou:

– Eu consigo tomar dois.

– Sério? – falei. E você respondeu:

– Olha. Olha só! – E pôs dois comprimidos no purê de maçã, engoliu a colherada, depois mostrou a língua.

– Não acredito!

– Não acredito... Benedito! – repetiu você, toda feliz.

Você nunca perguntava para que eram os comprimidos. Em vez disso, vivia procurando motivos para rir, e fazia isso até nos momentos mais improváveis. Conforme seu andar foi piorando, você às vezes tropeçava. Mas sorria e gritava:

– Eu caí de BUNDA!

Quando seu pé começou a formigar, uma consequência neurológica, você batia com ele no chão e dizia:
– Meu pé está me fazendo cosquinha.

À medida que seu olho e sua boca foram ficando mais caídos, você se olhava no espelho e fazia caretas engraçadas, como se desafiasse sua nova expressão.

Ver você lutar era muito difícil, Chika, e saber o que dizer se tornou igualmente difícil. Um dia vi você cambalear até uma estante de brinquedos. Você pegou uma boneca e caiu para trás. Então, como se tivesse chegado à conclusão de que andar não valia a pena, engatinhou com a boneca apertada junto ao peito até chegar ao ponto debaixo da ilha da cozinha onde montara seu quartel-general, trazendo o mundo até o nível do chão.

Fiquei com os olhos cheios d'água, Chika, e virei o rosto para você não ver. Com você brincando ali no chão, aceitando as novas regras, sua força era muito maior do que a minha, e ela nos reconfortava enquanto nós tentávamos reconfortar você.

Nós

– Tio Mitch?

Hum?

– O Natal está chegando.

Ela está sentada na sua cadeirinha, de vestido azul, chinelos e touca rosa com protetores de orelha. Chika puxa as cordinhas dos protetores para baixo ao redor das bochechas. Já apareceu várias vezes desde que sumiu na manhã do dia de Ação de Graças, mas suas visitas agora são mais curtas, e toda vez ela está usando uma roupa diferente.

Você se lembra de todos os seus Natais?, pergunto.

– Quantos eu tive?

Bom, você teve dois com a sua mãe.

– Mas eu era muito PEQUENA!

E um com a sua madrinha.

– E quantos na missão?

Três.

– E quantos na sua casa?

Um.

– Quando?

No último ano.

Ela solta os protetores de orelha.

– Eu sei, eu sei. – Ela suspira.
Sabe o quê?
– Não são muitos Natais para uma menina.
Eu não falei isso.
Ela cutuca a própria cabeça.
– Você falou *aqui dentro*.

Você

Um dia eu cheguei em casa e encontrei você jogando cartas com sua amiga Nicole. Você puxou uma carta, ela puxou outra carta, então ela falou alguma coisa engraçada e você riu. Parecia perfeitamente normal, a não ser pelo fato de Nicole ter 38 anos a mais do que você.

E ela era uma das mais jovens entre os seus companheiros de brincadeiras.

Você foi acampar com seus amigos Jeff e Patty, que já eram avós. Kathy e Tricia, irmãs de tia Janine, já com 50 e poucos anos, levavam você para pintar as unhas. Nossa amiga, Dra. Val, na casa dos 60, a recebia em casa para brincar com o cachorro dela.

Você tinha uma rede de companheiros de vinte a cinquenta anos mais velhos, e embora eles fossem em sua maioria colegas de trabalho ou parentes, você os chamava de "meus amigos". Tinha um talento notável para cativar todos que conhecia; eles sempre pediam para te ver de novo. Havia Margaret, assistente social nascida no Haiti; Lyn e Carmela, massagistas; Anne-Marie, nossa cunhada; Frank, Mark, Marc e Jordan, que trabalhavam comigo. Professores de ioga, donos de delicatéssen, músicos, enfermeiros. Você atraía adultos como um flautista de Hamelin, muitos dos quais já tinham filhos crescidos, morando fora de casa, e encontravam em você uma breve reconexão com a maravilha que são as almas infantis.

Claro que você teria preferido algumas almas realmente jovens. E se tia Janine e eu tivéssemos a idade de pais comuns, nossas sobrinhas e sobrinhos teriam sido seus companheiros. Só que eles também já eram crescidos. Tentamos levar você a lugares onde havia outras crianças: feiras, eventos da igreja, comemorações de feriados em um clube de escoteiros das redondezas. Mas às vezes as outras crianças não sabiam como lidar com você e as suas limitações, e você voltava até nós e dizia: "Elas não quiseram brincar comigo."

Você se esforçava tanto. Participava de bailes de Halloween. Dava conjuntos de chá para outras meninas. Mas com crianças desconhecidas você ficava tímida, imagine só, e apenas estendia o que tinha na mão, e as outras crianças às vezes só aceitavam e iam embora. Eu observava sua expressão vazia, torcendo para elas voltarem. Aquilo partia meu coração.

Você sentia falta de ir à escola. Tentamos recriar isso, mas, com a necessidade constante de cuidados médicos, tudo que pudemos fazer foi lhe dar aulas em casa com lições enviadas pela minha irmã, tia Cara, que administra a nossa escola no orfanato, e amigas como tia Diane, professora aposentada que passava horas sentada com você estudando ortografia e matemática. Você até usava seu uniforme escolar do Haiti, camiseta roxa e saia azul-marinho, meias brancas e sapatos pretos, para deixar a experiência mais parecida com a missão.

Só que aquilo não era a missão. Na missão haveria dezenas de crianças rindo, gritando e correndo para as salas, não uma solitária mesa de cozinha com vista para o nosso quintal dos fundos.

É claro que você fez *alguns* amigos crianças nos Estados Unidos. Um deles foi nosso sobrinho Aidan, que tinha 8 anos quando você chegou e simpatizou com você de cara. Um menino de fala mansa, gentil, com cabelos castanhos escorridos, Aidan brincava de tudo que você quisesse brincar, assistia a tudo que você quisesse assistir. E depois de alguns meses ficou bem claro que você, como minha avó costumava dizer, tinha "uma quedinha" por ele. Você se arrumava toda quando ele vinha visitar. Ficava encabulada quando ele chegava. Ficava mais calada, respeitosa até.

Certa vez levei vocês dois a um parque de jogos eletrônicos perto da nossa casa, troquei uma nota de dez dólares em moedas de 25 *cents* e as coloquei dentro de copos descartáveis. Se fôssemos só nós dois, você brincaria de tentar pegar o meu copo. Mas em vez disso olhou para Aidan e disse:

– Fiquei com moedas demais. – E despejou metade do seu copo no dele.

Você e Aidan andaram de barco juntos, foram juntos ao aquário, e uma vez, na casa dele, dançaram juntos diante de um clipe do Cha Cha Slide, e quando ele caiu no chão você lhe deu um tapa no bumbum.

Quando você falava em crescer e se casar, o que acontecia o tempo inteiro, nós a provocávamos citando Aidan, e você abria um sorriso bobo ou então dizia "Eu não sei...", ou "Quem sabe...".

Então teve essa noite de verão, mais de um ano depois de você ir morar conosco – quando o seu andar tinha se deteriorado e você não piscava mais o olho esquerdo, e suas terapias incluíam ficar sentada por horas com uma agulha no braço –, em que você estava deitada na cama depois de assistir a um filme de princesa e perguntou se um dia poderia se casar com um príncipe.

Tia Janine perguntou:

– E o Aidan? Ele não é um príncipe, mas é um menino bem legal. Gostaria de casar com ele?

Você fez uma careta.

– O Aidan não ia casar com uma menina como eu.

Nós nos entreolhamos.

– Por que você diz isso, Chika?

– Porque o Aidan não ia casar com uma menina que não consegue andar.

Você disse isso de um jeito tão inocente, tão natural, que nós ficamos sem ar. E embora tenhamos nos recuperado e dado a resposta adulta padrão, de que o amor não se importa com doença ou com saúde, por dentro estávamos tremendo, porque vimos que você estava encarando sua doença com algo que tínhamos pavor de ver em nós mesmos.

Aceitação.

Embora Chika encare com coragem quase todos os procedimentos médicos, ainda tem medo de agulhas. Ela as chama de "pontudas". Aguenta ressonâncias magnéticas, radiação, até mesmo um cateter no cérebro. No entanto, por mais que alguma enfermeira tente disfarçar, por mais que eu vire seu rosto, dizendo "Gade mwen, Chika", "olhe para mim", ela sempre vê a agulha. É como se não conseguisse evitar olhar.

Para piorar as coisas, é difícil colher seu sangue. Suas veias se escondem. "A veia dela é difícil", dizem as enfermeiras. Isso significa que é preciso repetir várias vezes a coisa que ela mais detesta.

Chika começou a tomar Avastin, um remédio que faz o tumor definhar. Para fazer a infusão, ela precisa de um acesso intravenoso. Isso é sempre difícil. Mas em junho de 2016, mais de um ano após o diagnóstico, torna-se impossível. Ninguém consegue pegar uma veia.

Em uma consulta em especial, eles tentam duas vezes no braço esquerdo, amarrando o garrote amarelo-mostarda em volta do seu bíceps, esfregando o local com álcool, espetando a agulha. Nada. Ela está aos gritos. Eles trocam para o braço direito, colocam o garrote, encontram um local, passam o álcool, tornam a espetar.

– Nada – balbucia uma enfermeira.

Mandam chamar uma especialista em veias. A mulher envolve

a mão de Chika com uma compressa morna. Dá tapinhas na pele. Não encontra um local. Passa para a outra mão. Repete o processo.

– Não podemos fazer mais de quatro tentativas – informa.

A enfermeira enfim encontra uma veia a dois centímetros e meio do pulso de Chika. A menina urra.

– Faz elas pararem! – berra ela.

– Elas estão quase acabando, meu amor, quase acabando.

– Faz elas pararem, tio Mitch!

Meu coração está disparado. Imploro para elas terminarem. O acesso finalmente é feito. Segundos depois, no entanto, aparece sangue no tubo. A especialista franze o cenho.

– O que foi? – pergunto.

– A veia estourou.

Elas reúnem seus equipamentos e forçam sorrisos ao sair. É isso. Nada de infusão hoje. Uma enfermeira chama alguém para conversar comigo sobre colocar um port, um cateter totalmente implantado debaixo da pele, no peito de Chika, porque segundo ela:

– Essa situação não vai melhorar.

Eles dão a Chika o adesivo de um personagem de desenho animado. Ela ignora o presente. Pego no colo sua forma inerte. Ela tem as faces marcadas por lágrimas. Me dá sua mão, úmida de tanto limpar o nariz, e choraminga algo que nunca disse antes:

– Eu quero voltar para o Haiti.

Eu

Poucas coisas deixavam Chika mais feliz do que comer. Ela experimentava quase tudo. Lembro-me de estarmos sentados no quintal em uma noite quente de verão, nos banqueteando com comida libanesa, e de Chika cantando "Baba... ga-*nush*!", palavra que a fascinava, depois rindo, comendo mais um pouco e repetindo: "Baba... ga-*nush*!"

Ela estava com 6 anos.

Janine fazia questão de que ela comesse alimentos que a ajudassem e evitasse os que pudessem fazer mal. O açúcar era um deles, porque ele alimenta o câncer. O mesmo valia para coisas industrializadas como batatas fritas e guloseimas.

Só que Chika ainda era uma criança. Ainda ansiava por comer essas coisas. Uma vez, em uma festa de família, eu me sentei no sofá e ela pôs uma almofada entre nós.

– Está tentando me bloquear? – perguntei, sorrindo.

– Não quero que você fique bravo – balbuciou ela.

– Chika, por que eu ficaria bravo?

Ela retirou a almofada devagar.

Estava escondendo um saco de Cheetos.

Em outra ocasião, ela foi a um chá de panela com nossa amiga Nicole. Voltando para casa, quando Nicole olhou pelo retrovisor,

Chika dormia profundamente. Foi só ao chegar em casa que ela descobriu papéis de bombons espalhados por todo o assento. Chika tinha aberto uma das cestas de brinde e comido todo o chocolate de uma vez só.

Mais tarde, quando Janine tentou me contar essa história, Chika tapou meus ouvidos com as mãos.

– Não, não, não, não, não – protestou ela.

– O que foi, Chika? Me deixa escutar.

– Tá. Mas não surta.

Surtar?

É claro que nunca ficávamos bravos por causa disso. Pelo contrário, detestávamos lhe negar qualquer coisa. Detestávamos fazer algo que lhe lembrasse sua doença. Janine chorou quando nos disseram que não tínhamos outra escolha senão implantar aquele port no peito de Chika, principalmente porque ela agora seria obrigada a ver um calombo de plástico sob a pele diariamente.

– Essas coisas infeccionam – disse Janine.

– O que mais podemos fazer?

– Eu não confio nisso.

– Você não confia nisso. – Suspirei. – Qual é a nossa alternativa?

Um dia depois de as enfermeiras usarem aquele port pela primeira vez, levei Chika para o Haiti comigo em minha visita mensal. Uma recompensa pela sua perseverança.

Eram meados de julho, a época mais quente do ano. Janine a vestiu com um short branco, uma camiseta verde-limão e uma tiara branca com uma grande flor verde. Chika queria chegar depois de as crianças irem dormir e entrar de fininho na cama, para que quando as meninas acordassem de manhã todas dissessem: "Ei, olhem ali! É a Chika!" Ela repassou esse plano com precisão militar durante a nossa viagem de avião.

Chika parecia especialmente animada com aquela viagem. Talvez estivesse ficando cansada dos Estados Unidos, dos hospitais, dos tratamentos. Agora só conseguia andar sozinha com dificuldade, e seu olho esquerdo não fechava por completo, nem mesmo quando dormia. Ela havia perdido os cabelos na nuca, e tinha estrias nas coxas por causa dos grandes ganhos e perdas de peso. Sua boca agora caída tinha o formato de uma lágrima torta.

Também reparamos que ela estava ficando menos paciente. Mais desafiadora. Muitas vezes berrava: "NÃO!" Escondia-se debaixo da mesa. Esses atos tinham consequências, porque nos recusávamos a deixar a pena substituir a educação, e queríamos continuar lhe ensinando coisas pelo resto de uma longa vida.

Uma vez, quando ela se recusou a tomar o shake de suplementos, Janine falou:

– Chika, nós só estamos tentando cuidar de você.

E ela se virou e berrou:

– Vocês não estão tentando cuidar de mim! Só querem me punir e me tirar coisas!

Tentei intervir.

– Chika, se você quiser ir à casa do Aidan, tem que tomar o seu shake.

– Se você quiser ficar AQUI, tem que tomar o SEU shake! – rebateu ela.

Não posso dizer que esses bate-bocas não nos afetavam. Às vezes nos magoavam. Mas nós sabíamos que Chika tinha uma justificativa. Ela não se rebelava contra ir para a cama ou comer legumes. Se não queria tomar um milk-shake cheio de remédios ou fazer uma ressonância, por acaso podíamos culpá-la? Nós vivíamos dando de cara contra uma parede invisível, sem querer explicar demais, sem querer assustá-la nem deixar o fardo ainda mais pesado.

Também nunca soubemos a extensão da sua dor; ela suportava

muita coisa, e raramente reclamava. Às vezes dizia "Tio Mitch, estou com dor de cabeça", e embora eu respondesse "Deixa eu fazer uma massagem" ou lhe desse uma aspirina infantil, aquilo no fundo me deixava apavorado, porque e se não fosse apenas uma dor de cabeça passageira?

De certa forma, eu ficava aliviado quando Chika discutia conosco, quando nos mostrava sua disposição para lutar, lutar como eu sabia que ela precisaria fazer para passar por aquilo. Então tudo bem, pensava. Discuta, se for preciso. Berre, grite. Vá com tudo.

Chegamos tarde no Haiti e as crianças já estavam dormindo quando o carro de Alain entrou pelos portões. Chika não estava com uma cara boa: estava cansada, suando. Sugeri que passasse a noite no meu quarto.

Ela não protestou. Ajudei-a a trocar de roupa, nós rezamos e ela se deitou em um pequeno colchão. Alguns minutos depois, pediu para dormir na minha cama.

Segurei sua cabeça.

– Chika, o que está aconte...

E ela me vomitou inteiro.

Meu queixo, meus ombros e minha camisa ficaram cobertos. Corri com ela para o banheiro, mas ela já tinha posto tudo para fora. Ela chorava e eu dizia:

– Está tudo bem, está tudo bem.

Chika encharcou a camisola de suor, mas continuou gemendo que estava com frio. Eu a limpei e pus uma toalha molhada na sua testa, lhe dei um Tylenol para baixar a febre. Ela pegou em um sono agitado, assim como o meu.

Nós

Dois dias antes do Natal, Chika torna a aparecer.

– Tio Mitch, olha!

Giro na escrivaninha e a vejo no vão da porta, usando um vestido amarelo com uma saia volumosa, corpete de cetim e mangas bufantes. Lembro-me de ter lhe comprado essa roupa em Nova York, quando terminou seu tratamento no Sloan Kettering. Nós a levamos à loja da Disney para escolher algo que quisesse. Ela correu as mãos por bonecas e garrafas d'água, mas parou nas roupas.

– É o vestido da Bela! – falou, maravilhada. – Da *Bela e a Fera*!

Levantei o cabide.

– Posso levar, tio Mitch? *Por favor?*

Como se eu pudesse dizer não.

Nós temos uma foto de Chika com esse vestido e a tiara que vinha junto. Ela está diante de um espelho de corpo inteiro, admirando orgulhosa o próprio reflexo. Eu adoro essa foto. É a única que temos dela sorrindo para si mesma.

Então pergunto, brincando: Vai sair?

– Sair para onde? – rebate ela.

Para lugar nenhum. É só uma coisa que as pessoas dizem quando veem alguém bem-vestido.

– Tio Mitch?
Hum?
– Você me vê de verdade?
Vejo. Por quê?
– Está me vendo agora?
Ela de repente está no canto.
Ainda estou te vendo, digo.
– Tem certeza?
Tenho.
Ela puxa alguma coisa no vestido.
– Este vestido é bonito.
Você se lembra de *A Bela e a Fera*?, pergunto.
– Lembro. É sobre uma menina que precisa salvar o pai.
Quase a corrijo, mas no fim das contas é isso mesmo.
Chika? Por que você perguntou se eu conseguia vê-la?
De repente ela está segurando uma varinha de condão.
– Eu não perguntei isso – sussurra ela. – Quem perguntou foi você.
Ela agita a varinha.
– Bibidi-bóbidi-bu! – exclama, e desaparece.

O pai de Chika está vivo.
Ele agora mora em Tabarre, a quarenta minutos de carro da missão. Tínhamos ouvido dizer que ele estava morto. Agora nos dizem que não. A madrinha de Chika diz que sabe onde encontrá-lo.

Isso não é incomum no mundo dos órfãos no Haiti. Os adultos que nos levam crianças às vezes dizem que os pais morreram para aumentar suas chances de serem aceitas. De vez em quando, os pais pedem a alguém para levar o filho e os instruem a mentir. Embora tentemos verificar tudo, não existem registros digitais, nenhuma agência que mantenha o controle dessas coisas. Você faz perguntas. Pede documentos. E chega um ponto em que ou aceita o que está sendo dito, ou não.

Na viagem que começa com Chika vomitando, eu peço para Alain me levar de carro até a casa do pai dela. Serpenteamos pelo tráfego até sair da cidade e adentrar uma paisagem agrícola, rural. Estacionamos em uma estrada de terra. Entramos por um portão de madeira. É um pequeno terreno quadrado com um grande pé de fruta-pão. Foi ali que Chika nasceu.

E Fedner Jeune, seu pai, vem na minha direção.

É um homem pequeno e compacto, 1,65 metro, talvez, com um

bigode largo, cabelos cheios e profundas olheiras sob os olhos, que estão muito vermelhos. Seu olhar raramente encontra o meu.

Alain faz as apresentações e traduz nossa conversa. Pergunto sobre a criação de Fedner. Pergunto sobre a primeira infância de Chika. Ele responde com poucas palavras.

Diz que estava presente quando Chika nasceu, mas que não estava em casa no dia do terremoto. Diz que a mãe de Chika e ele passaram meses morando separados, enquanto ele reconstruía a casa de blocos de concreto. Confirma que, depois que ela morreu, todos os seus filhos foram morar com outras pessoas. Não diz por quê.

A casa, que não tem porta, agora é de um cômodo só, com uma única lâmpada para iluminá-la. Há pés de feijão e bananeiras espalhados pelo chão em volta. A água vem de uma bomba manual. Não há banheiro; eles usam uma latrina no terreno de um vizinho.

Uma mulher e uma criança pequena estão sentadas brincando debaixo de uma árvore. Alain pergunta a Fedner se aquela mulher está com ele, e ele responde:

– Está.

Era ali que Chika brincava?, pergunto.

– Ali – responde ele, e aponta.

É aquele o canavial onde ela ficou dormindo depois do terremoto?

– Ali. – Ele torna a apontar.

Pergunto se ele sabia que Chika foi levada para o orfanato aos 3 anos.

– Sim, eu sabia.

A madrinha dela lhe pediu ou lhe avisou?

– Ela me avisou.

E por você tudo bem?

– Por mim tudo bem.

Não pergunto por que ele não quis Chika de volta, apesar de parte de mim gritar por uma resposta. Lembro a mim mesmo que eu jamais entenderei as circunstâncias da vida dele, nem as dificuldades que teve de enfrentar. Lembro a mim mesmo que ele perdeu a companheira, a mãe dos seus filhos. Quem pode saber como isso abalou o seu mundo?

Em vez disso, explico o motivo que me levou até ali. A situação de saúde de Chika. Ele meneia a cabeça de vez em quando, embora eu não tenha certeza se está entendendo.

– Faça o que o senhor achar melhor – diz ele.

Explico que a vida dela pode estar em jogo.

– Isso quem vai decidir é Deus – diz ele.

Eu digo que tenho uma pergunta difícil. Pergunto se, no caso de Chika não sobreviver a esse tumor no cérebro, é importante para ele que ela seja enterrada ali no Haiti. Detesto o simples fato de dizer essas palavras, elas realmente me fazem estremecer, mas me parece algo que devo perguntar. Ele talvez queira ir visitar o túmulo da filha.

– Tanto faz – diz ele. – O que o senhor achar melhor.

Quero estabelecer uma conexão entre pai e filha. Parece-me que devo tentar. Chika uma vez me disse que tinha uma lembrança do pai a levando para tomar sorvete, quando ela era bem pequena. Disse que isso a tinha deixado feliz.

O senhor se lembra disso?, pergunto a Fedner.

– Eu nunca levei ela para tomar sorvete.

Tem algum lugar aqui perto que venda sorvete?

– Não.

Esforço-me para manter viva a conversa. Ele não é cruel, apenas vago. Não paro de pensar em como Chika ficaria triste se soubesse que a loja de sorvete não existiu.

Mesmo assim, convido-o para ir à missão. Quero que ele veja a filha, e que ela o veja, talvez porque no fundo eu não saiba se eles terão outra chance. Voltamos juntos de carro, e ao nos aproximarmos do portão parte de mim de repente se sente sobrando, como se eu tivesse sido empurrado para o canto da foto. Apesar de *tudo que Janine e eu fizemos por Chika, aquele homem tem um direito que nós jamais teremos. É diferente no caso da mãe, que ao morrer passou um bastão que nós acabamos pegando. Mas Fedner Jeune continua ali no Haiti. E embora eu me force a ignorar a sensação, me sinto estranhamente como um substituto.*

Quando chegamos, Chika está brincando na varanda. Está suando muito.

– Chika, sabe quem é este aqui? – pergunto.

Ela ergue os olhos.

– É o seu pai. Pode dar um abraço nele? – Digo isso em inglês para não constrangê-lo.

Ela faz o que eu peço. Deixo os dois a sós.

Ele se senta em um banco, usando uma camisa de manga comprida, apesar do calor, e ela se senta ao seu lado. De vez em quando olho para os dois, mas nunca os vejo conversando. Chika fica brincando com uma boneca enquanto ele olha fixamente para o pátio. O sol está inclemente. Uma de nossas crianças passa com uma "pipa" fabricada com gravetos e um saco plástico, mas sem vento a pipa não decola.

Depois de duas horas, Fedner se aproxima, aperta minha mão e vai embora.

LIÇÃO CINCO

Quando uma criança é e não é sua

Tivemos um menininho no orfanato por três anos. Ele era bonzinho e comportado. Um dia, um homem alegando ser seu pai apareceu no nosso portão. Disse que queria o menino naquele instante. Nunca tínhamos visto aquele homem na vida. Na entrevista de chegada, a mãe nos dissera que o pai do menino havia sumido assim que ela engravidara.

Agora ali estava ele, seis anos depois, gritando ameaças para o nosso diretor. Quando entramos em contato com a mãe, ela suplicou que o ignorássemos. Disse que era uma pessoa violenta, que acabara de reaparecer e só queria o menino para provar que a dominava. Contou que o filho jamais iria à escola, nem comeria bem, nem teria um abrigo adequado se nós o liberássemos. Por favor, implorou ela, não o liberem.

Uma semana depois, mais ou menos, ela ligou voltando atrás. Aos prantos e evidentemente abalada, disse que o homem estava lhe batendo, e que se nós não cedêssemos ela temia pela própria vida.

Eu disse a Alain que não deveríamos ceder. Não podíamos fazer isso. Estaríamos pondo o menino e a mãe em perigo. Esbravejei, andei de um lado para outro, depois esbravejei mais um pouco.

Mas no fim não tivemos escolha. Não existe um disque-violência doméstica no Haiti. Nenhum tribunal nos daria ganho de causa. O pai biológico tinha direitos. Eles valiam mais do que os nossos. Foi angustiante ver aquele menino brincando com as outras crianças sem saber que sua vida estava prestes a virar de cabeça para baixo. Nós adiamos a entrega tanto quanto possível; então, com relutância, juntamos suas coisas. As babás o abraçaram apertado. Ele começou a chorar. Nós o levamos de carro até um escritório onde, assim que chegamos, o pai furioso o agarrou sem dizer nada.

Nunca mais tornamos a vê-los.

Por três anos, nossa equipe havia alimentado, vestido, banhado, ensinado e cuidado daquele menino. Mas a reivindicação do pai ausente tinha mais peso, e nós fomos obrigados a recuar. Depois disso passamos a insistir em autorizações por escrito ou atestados de óbito de pai e mãe antes de acolher uma criança. Mas até hoje me angustio pensando se aquele menino está bem.

É seu, não é seu. Nós lutamos com essa questão muitas vezes, Chika. Lembra o que você perguntou uma vez? *Como vocês me encontraram?* Prometi a mim mesmo que você nunca mais se sentiria perdida. Detestava pensar que você, que qualquer uma das nossas crianças, pudesse algum dia se sentir indesejada.

Mas ver seu pai naquele dia tocou um ponto sensível. Nós precisáramos ir atrás dele, verdade. E ele foi embora da missão quase assim que chegou. Mas e se não tivesse ido? E se ele tivesse dito "A partir daqui assumo eu"? Será que eu teria sido capaz de entregar você, considerando seu estado de saúde? De confiar em um homem que havia se ausentado da sua vida para de repente tentar salvá-la? Será que eu teria feito o melhor para você, agindo assim? E o melhor para ele?

Será, como o papa João XXIII disse certa vez, que é mais fácil para um pai ter filhos do que para os filhos terem um pai de verdade? Quem deve ceder? Trata-se de um debate com o qual pais adotivos lidam constantemente, e é por isso que as agências de adoção têm regras rígidas em relação aos direitos parentais. Mas nós não éramos nem uma coisa nem outra. Nós éramos, e somos, um lugar de amor e de acolhimento para crianças haitianas com poucas alternativas. E quando a sua saúde ficou ameaçada e nós a trouxemos para Michigan, e quando você estava deitada naquela maca de hospital cheia de tubos e monitores e com uma atadura branca em volta da cabecinha, quem tinha direitos sobre você era a última das nossas preocupações.

Então essa foi outra coisa que você me ensinou, Chika: o que significa "sua" no caso de uma criança, e o que não significa. É uma lição importante, e por isso eu a ponho nesta lista.

De vez em quando, aliás, até mesmo amigos usavam esse termo. *"Que lindo o que vocês estão fazendo por uma criança que não é sua."* Eu ficava incomodado de ouvir isso, e intrigado em pensar que haveria qualquer diferença em nossos esforços se você por acaso tivesse o nosso DNA. Lembro que nós certa vez paramos na frente de um espelho examinando nossos reflexos, e você levantou o braço ao lado do meu. Pensei que estivesse comparando a cor da nossa pele. Mas não: você apontou para uma verruga perto do meu pulso e perguntou:

– Tio Mitch, por que você tem esse calombo? – Era a única coisa que lhe interessava.

É sua, não é sua. Os documentos do orfanato são assinados por mim. Eles nos obrigam a cuidar, alimentar, educar e proteger as crianças, coisas que mães e pais supostamente deveriam fazer. Mas no final das contas são documentos de responsabilidade, não de filiação. Para todas as nossas crianças eu sou apenas o tio Mitch, seu "responsável legal", as mesmas palavras que usei no primeiro hospital ao qual fomos juntos, Chika. Às vezes esse parece um título menor. Apesar disso, quando olho em volta, quem está dando beijos de boa-noite nas crianças, acordando-as todo dia de manhã, amarrando seus sapatos, cortando seus sanduíches, lendo-lhes livros, levando-as às pressas ao médico quando acontece alguma coisa somos eu, tia Janine ou nossos bondosos funcionários e funcionárias da missão.

Nós não pusemos no mundo nenhuma dessas pequenas almas. Nunca é demais bater nessa tecla. Mas recentemente uma de nossas crianças mais velhas, para quem conseguimos uma bolsa nos Estados Unidos, aceitou um pedido para encontrar o pai biológico no Haiti, um pai que nunca tinha feito parte da sua vida. O homem na mesma hora o arrastou até os amigos para se gabar:

– Olhem só o meu filho! Ele é tão inteligente que está estudando numa universidade americana!

O rapaz disse que isso o incomodou, como se aquela pessoa, apesar de ausente a vida inteira, merecesse algum crédito pelo fato de ele ter se tornado quem era.

Eu me pergunto, Chika, se qualquer pessoa tem o direito de reivindicar cegamente uma criança, a não ser Deus. Já testemunhei as conexões mais puras entre uma mãe adotiva e os filhos, e já vi criancinhas indefesas rejeitadas por quem as deu à luz. O contrário também acontece. Depois de um tempo, você aceita a verdade: o que determina nossos laços é o amor. Tudo sempre se resume a isso.

No dia em que seu pai voltou para casa em Tabarre, você teve febre alta e tornou a vomitar. E nessa noite, enquanto ele dormia em sua casa de blocos de concreto, você pegou no sono chorando na missão. No dia seguinte, estava tão fraca que, quando chegou a hora de ir embora, nem sequer se despediu das crianças. Apenas segurou minha mão e me levou até o carro.

No aeroporto de Port-au-Prince, como você reclamou de precisar andar, eu a carreguei no colo nas filas, com um braço segurando você e outro puxando minha mala de rodinhas. Quando embarcamos, pus um travesseiro no braço do assento.

– Dorme, meu amor – falei baixinho.

Você pousou a cabeça. Poucos segundos depois, balbuciou:

– Tio Mitch?

– O que foi, Chika?

– O que você vai ficar fazendo enquanto eu estiver dormindo?

– Lendo – falei. – E pensando no quanto eu te amo.

Você assentiu com um olhar sem brilho.

– Vou fazer isso também.

Nesse instante, pouco me importava quem era de quem. Eu era seu, ainda que você não fosse minha. E enquanto acariciava sua testa, que estava muito quente, soube que seria seu para sempre.

Cinco

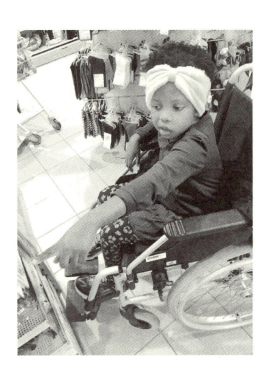

Nós

O Ano-Novo chega e passa sem nenhuma visita de Chika. Vou para o Haiti no feriado, como sempre faço, e comemoramos acendendo fogueiras e cantando "Auld Lang Syne", e as crianças escrevem resoluções em folhas de caderno que eu ponho dentro de um envelope. ("Vou ajudar a limpar o quintal"... "Não vou conversar durante a aula.") Nós os abriremos dali a doze meses e veremos como elas se saíram.

No primeiro dia do ano, um prato especial é servido: *soup joumou*, uma iguaria com sabor de abóbora feita com esse e outros legumes, batata, cebola, alho e pedaços de carne. A sopa era proibida aos escravos no final do século XVIII, e é consumida no dia 1º de janeiro para comemorar a revolução haitiana que garantiu a independência, em 1804. País afora, por maior que seja a pobreza, as famílias tomam com orgulho essa sopa tradicional, literalmente um gostinho de liberdade. Algumas das nossas crianças têm idade suficiente para entender isso. As mais novas apenas ficam felizes com a sopa.

Todas as noites, depois de rezar, nós cantamos uma canção para lembrar de Chika. É "L-O-V-E", de Nat King Cole, que ela costumava entoar a altos brados pela casa. As crianças também a cantam bem alto, soletrando junto com a música, batendo palmas na parte que diz que o *V* é "*very, very...* clap!... *extraordinary*", "muito, muito extraordinário". Ao final, todas berram juntas:

– Um... dois... três: boa noite, Chika!

Nessa noite, eu vou até o quarto das meninas menores. A cama de Chika continua vazia. A última vez que as outras meninas a viram foi naquela visita interrompida, quando a febre e os vômitos a deixaram irreconhecível. Ela nunca mais voltou. Talvez tenha sido uma bênção. Crianças não lidam muito bem com despedidas.

Quando volto para Michigan, está nevando, e de manhã acendo o fogo na lareira. Ao me virar, vejo Chika sair engatinhando de baixo da escrivaninha, usando um short azul e uma camiseta listrada de vermelho e branco.

– Grrrrr! – grita ela, fazendo garras de tigre com as mãos.

Bom dia, linda!

– Eu estava tentando te pegar de surpresa!

E conseguiu.

– Então por que você não gritou?

Desculpe, respondo. O que você estava fazendo aí embaixo, Chika?

– Ah. – Ela examina os próprios dedos. – Você sabe. Procurando.

Procurando o quê?

Ela solta o ar e arqueia as sobrancelhas.

– Portas de fada! O que mais poderia ser?

○

O Mott tinha portas de fada. Sabíamos disso graças às nossas muitas visitas a esse hospital, entre elas a que tivemos de fazer um dia depois de Chika e eu chegarmos do Haiti. Como ela estava febril, prostrada e ofegante, nós a levamos ao pronto-socorro de um hospital perto de casa, mas após verificar suas taxas sanguíneas e fazer vários outros exames, um médico de lá confessou não conhecer muito bem os remédios que Chika estava tomando, e sugeriu que fôssemos depressa para o Mott, onde conheciam o caso dela.

– Pode ser que seja grave – disse o médico.

Janine foi chorando na ambulância enquanto eu seguia no carro até Ann Arbor; passamos o trajeto inteiro falando no celular.

– Estão dizendo que pode ser septicemia – sussurrou Janine.

– A gente não sabe – falei, tentando permanecer calmo.

No fim das contas, o problema, e o motivo pelo qual Chika ficara tão mal em sua última visita ao Haiti, era uma infecção no sangue... causada pelo port que a equipe médica tinha insistido em implantar. Por algum motivo, o cateter tinha sido infectado por bactérias durante a primeira e única transfusão que Chika fizera com ele.

Consequentemente, ela passou nove dias em uma cama de hospital, lutando contra uma febre altíssima e sendo testada para tudo, de meningite a tuberculose. Um nódulo no pulmão deixou os médicos preocupados com uma embolia séptica. Os antibióticos foram trocados duas vezes. Culturas foram feitas e estudadas em laboratório. Tudo porque as bactérias haviam entrado na sua corrente sanguínea através do que Janine iria chamar para todo o sempre de "aquela porcaria de port", que naturalmente foi retirado de Chika na hora.

– Eu nunca quis esse troço – resmungou Janine.

Senti como se ela estivesse me culpando.

– O que deveríamos ter feito? – indaguei.

– Ela está aqui há nove dias, Mitch. Olhe só como enfraqueceu.

– Mas eles não conseguiam pegar nenhuma veia!

Ela virou as costas.

– O que nós *deveríamos* ter feito? – berrei.

Quanto mais Chika piorava, mais Janine e eu brigávamos. Isso não é nenhuma surpresa. Lidar com a doença de uma criança, viver pensando se as decisões que se está tomando são certas, é algo altamente estressante. Você se sente perdido. Em dúvida. Uma das pessoas pode estar confiante enquanto a outra não, e essa diferença causa raiva. Nós passávamos metade do tempo discutindo para nos convencer de que havia esperança.

Isso começou a contaminar pequenas coisas relacionadas a Chika. Eu considerava determinada atividade segura; Janine dizia que não. Eu achava que tudo bem assistir a determinado programa na TV; Janine achava que não. Nós brigávamos por causa de antibióticos, ou por assuntos relacionados à nutrição. Janine dizia: "Não quero que ela tente isso", e eu tornava a dizer: "O que a gente deve fazer, nada?" Acho que tudo se resumia à mesma coisa: um medo de fazer a escolha errada, ou de deixar passar a escolha certa. Um medo daquilo que estava por vir.

Chika ficava triste ao nos ver discordar. Tudo que ela queria era harmonia. Interrompia-nos gritando "TÁ-TÁ-TÁ-TÁ!" e agitando as mãos como um juiz.

Então houve uma noite em que ela estava no hospital, e Janine e eu estávamos chateados com alguma coisa. Eu balançava a cabeça e repetia, irritado:

– Não estou *acreditando* nisso.

Da cama, Chika perguntou:

– Sobre *o quê* vocês estão falando?

– Sobre nada, Chika – respondi. – Não se preocupe.

– Mas parece *tããããooo* triste.

Fui até ela.

– É, às vezes as coisas são tristes na nossa vida, e às vezes felizes. Como você. Você é uma coisa feliz. Você nos deixa feliz.

Ela viu minha expressão frustrada e começou a ficar com os olhos cheios d'água.

– Por que você está chorando, Chika?
– Porque eu não sei como fazer – sussurrou ela.
– Não sabe como fazer o quê?
– Não sei como deixar vocês felizes agora.

Foi a última vez que falamos dessas coisas na frente dela. E foi quando Janine e eu começamos a perceber que, no fim das contas, só tínhamos um ao outro. Tínhamos lido que muitos casais se divorciam após perder um filho. Estávamos decididos a não seguir esse caminho. Era isso que acabava com desavenças antes que causassem mágoa demais. Um de nós balbuciava "Desculpa, tá?", e o outro dizia "É, me desculpa também", e ambos suspirávamos e nos preparávamos para aguentar o que estava por vir.

Quando Chika teve alta do Mott, a luta para combater a infecção havia cobrado seu preço. Seu andar tinha piorado. A fala estava mais lenta. E ela agora tinha um novo companheiro no braço direito, um cateter venoso central de inserção periférica, ou PICC, por onde seus remédios seriam administrados e seu sangue, coletado. Tínhamos que lhe administrar antibióticos três vezes ao dia por esse cateter. Ele ficava coberto por uma pequena manga de tecido e não podia ser molhado, o que tornava o banho de chuveiro uma operação delicada e excluía a piscina, que Chika tanto amava. Era verão, época de nadar, e isso parecia muito injusto.

Chika estava aliviada de voltar para casa. Para sua cama em frente à nossa. Na primeira manhã, Janine se levantou e foi se deitar ao lado dela, as duas começaram a cochichar, e em pouco tempo estavam falando sobre o assunto preferido de Chika: casamentos. Janine perguntou a Chika onde ela achava que fosse conhecer o menino com quem iria se casar.

– Num restaurante – respondeu ela.

Sua imaginação me fez rir. Então me dei conta de que Janine e eu nos conhecêramos em um restaurante. Tínhamos contado isso a ela um dia. Sério. Chika se lembrava de tudo.

Mas sim. As portas de fada. São pequenos portais de madeira, com uns quinze centímetros de altura, escondidos nos rodapés de vários pontos do hospital Mott. Quando você os abre, tem um desenho lá dentro. A fada Sininho do Peter Pan. Uma princesa. As pessoas são incentivadas a deixar moedas, para que um jovem paciente possa ter uma surpresa ao puxar a pequena maçaneta.

Chika ficou obcecada por encontrar essas portas. Insistia em procurá-las enquanto ainda estava com um acesso intravenoso. Quando eu já sabia onde ficava uma porta, ia escondido na frente, dizendo a ela que estava procurando as fadas, e punha uma nota de um dólar dentro de cada uma.

– Olha, mil dólares! – dizia Chika ao abrir a porta. (Nós nunca lhe ensinamos direito sobre dinheiro.) Ela colocava a nota na minha mão, então começava a procurar outra.

Ao observá-la nessa busca otimista, e ao passar por quartos onde via de relance pais e mães com o rosto escondido nas mãos, dei-me conta de algo importante: esperança é fundamental. É quase obrigatória para navegar águas turbulentas. Da mesma forma, não existe nada pior do que a falta de esperança. Eu a considero pior do que qualquer aflição física.

Nós não podíamos proteger Chika do tumor, nem da dor, nem mesmo da sua própria mortalidade. Mas tentávamos projetar uma aura positiva, passar a sensação de que todos nós, médicos e enfermeiros, sabíamos o que estávamos fazendo, de que a vida ainda estava cheia de tesouros a descobrir. A falta de esperança pode ser contagiosa. Mas a esperança também, e não há remédio mais eficaz. O fato de Chika acreditar em nós nos ajudava a acreditar em nós mesmos.

Certamente haverá bom futuro para você, e a sua esperança não falhará. Está em Provérbios. Nós tentávamos desesperadamente viver assim, acreditando que havia algo de bom do outro lado de todas as pequenas portas que Chika abria.

– Tio Mitch?
Sim?
– Onde ficam as *suas* portas de fada?
Aqui não tem portas de fada. Só no hospital.
– Nã-nã-não.
Você as viu em algum outro lugar?
– Em vários.
Como por exemplo?
Ela apoia os cotovelos nos meus joelhos e bate com o indicador na bochecha. Deve ter visto isso em algum filme, um sinal de que se está pensando.
– Na Alemanha – responde.

"As crianças não são uma distração de trabalhos mais importantes. Elas são o trabalho mais importante."

DR. JOHN TRAINER

Você

Bom. Já que você falou nisso.

Teve muita coisa que não lhe contamos sobre a sua jornada médica, Chika. Pesquisas. Telefonemas. Videoconferências. Estávamos decididos a poupar você disso tudo, mas como qualquer pessoa cuidando de uma criança doente pode confirmar, encontrar uma cura consome todos os seus pensamentos. Você passa as noites em claro se perguntando onde mais procurar, e quase frita o cérebro para garantir não estar esquecendo nada.

Para isso, a internet é ao mesmo tempo a melhor e a pior invenção do mundo. Para os que estão lutando contra uma doença grave, ela se tornou um lugar sedutor, confuso, muitas vezes enlouquecedor, um ruidoso mercado de esperança e de horror. Pesquise a palavra errada e você vai encontrar sites e histórias que não quer ler, afirmações improváveis, sofrimento, denúncias de tratamentos fraudulentos e infindáveis resultados que começam com a palavra "Quais": "Quais são as causas de..." "Quais são os tratamentos para..." "Quais são os sinais de..." Tudo que você quer ler é: "*Qual é a cura?*" Mas nunca é assim tão simples.

Já li que, antigamente, curandeiros indígenas americanos pouco falavam sobre seus conhecimentos, ou em alguns casos nem chegavam a se identificar, tão preciosas eram consideradas suas habilidades. A internet é o contrário disso. É possível encontrar mil teorias, entrar em contato com milhares de profissionais, sem jamais ter certeza de que não se está embarcando em uma furada.

No início da sua jornada, Chika, eu evitei a internet exatamente por esses motivos. Mas depois da sua infecção no sangue, precisamos prestar mais atenção, explorar além das convenções. Você já estava tomando panobinostate, o inibidor de histona deacetilase, porque um médico de Stanford identificara certo potencial administrando a substância em ratos. Você tinha suportado uma segunda bateria de radioterapia, uma abordagem direcionada arriscada, pois ela era a única a produzir resultados tangíveis. Nós controlávamos estritamente a sua alimentação. Você tomava seu shake diário de suplementos, mesmo fazendo careta ao engolir.

Mas estávamos ficando sem cipós para nos pendurar. A essa altura já tínhamos passado a conhecer muitos casos de DIPG. Eles em geral seguiam a mesma triste trajetória. Radioterapia. Quimioterapia. Uma piora. Um funeral.

Em busca de uma história diferente, mergulhamos com relutância no mundo da internet. Eu li tudo que pude. Estudos clínicos. Posts no Facebook. Fiz ligações internacionais.

Um programa de Londres cogitou aceitar você, depois disse que a sua evolução e tratamentos anteriores a "desqualificavam", um verbo singularmente horrível, *desqualificar*, como se você tivesse desrespeitado alguma regra e não tivesse o direito à cura.

Entretanto, eles sugeriram um médico belga que trabalhava na Alemanha, disponível para casos como o seu. Ele era especialista em imunologia. E o seu foco de trabalho era o DIPG.

O médico se chamava Stefaan Van Gool. Entrei em contato por e-mail e ele me respondeu na hora, e tia Janine e eu tivemos uma longa conversa por Skype na qual ele respondeu a muitas perguntas. Parecia um homem muito inteligente, era afável, bondoso e pai de quatro meninas com quem tocava violino em concertos de música clássica. Mais importante ainda, ele mencionou tratamentos dos quais nunca tínhamos ouvido falar nos Estados Unidos: uma vacina feita com glóbulos brancos e antígenos tumorais do próprio paciente, de modo a produzir uma resposta do sistema imunológico que, com sorte, lhe possibilitasse atacar o câncer. Nossos médicos de Michigan não conheciam esse seu tratamento.

– Mas se vocês acham que pode ajudar, devem ir – disseram eles.

Assim, com o outono chegando e as crianças da missão no Haiti voltando às aulas, nós reservamos passagens de avião e alugamos um apartamento em Colônia, Alemanha, a 6.500 quilômetros de casa. Dezesseis meses depois do seu prognóstico, e quase um ano a mais do que os médicos pensavam que você fosse viver, lá foi você rumo a outro país desconhecido, com tia Janine de um lado e eu do outro.

§

Eu quero falar sobre alegria.

Quando penso na nossa jornada, houve momentos em que não demos o devido peso a esse sentimento. Nos últimos estágios, as suas necessidades diárias eram tantas. Vestir você levava mais tempo. Dar banho em você era um processo meticuloso. Seu cateter PICC precisava ser limpo com soro e mantido esterilizado. Levantar e carregar você exigia sempre que eu ou alguma outra pessoa estivéssemos presentes.

Por causa disso, às vezes não prestávamos atenção no fato de que, apesar das limitações físicas, sua mente continuava a se desenvolver. Seus pensamentos ficaram mais profundos. E nós talvez tivéssemos perdido a alegria de vê-la desabrochar em uma pessoinha plenamente formada, se você não fizesse questão de revelar isso de modos linguísticos peculiares.

Certa vez, quando eu estava lendo um longo e-mail, dei um suspiro e resmunguei:

– Ai, rapaz.

– Por que você disse "Ai, rapaz"? – perguntou você. – Não tem rapaz nenhum aqui.

– É só uma expressão, Chika.

– Por que não diz "Ai, moça"?

Em outra ocasião, você me pediu um copo d'água. Eu avisei que estava gelada.

– Água gelada, coração quente – respondeu você.

(De *onde* tirou isso?)

Você uma vez perguntou a tia Janine:

– Eu posso ter dois maridos?

E quando ela perguntou quantos filhos você queria ter, você gritou:

– Um!

– Por que só um?

– Porque eu só consigo CARREGAR um!

Outra vez, voltando de carro da radioterapia, você perguntou:

– Tio Mitch, para onde a gente está indo?

– Para lugar nenhum – respondi.

– A gente pode ir para lá junto?

E certa manhã, no meu escritório, meu telefone tocou. Era você me ligando da outra linha.

– Tio Mitch, quer vir brincar de acampamento macio e fofinho na cama?

Quando entrei no quarto, encontrei você e tia Janine debaixo das cobertas. Subi na cama também, e você disse:

– As regras do acampamento macio e fofinho na cama são

estas: a chefe sou eu. Tia Janine é a segunda chefe. Você pode ser o terceiro chefe. Agora vamos brincar.

Se eu pudesse mudar alguma coisa desses instantes, Chika, seria para fazê-los durar um pouco mais. Mergulhar nesses momentos de modo a jamais esquecê-los. No dia a dia, eu raramente uso a palavra *regozijo*, mas é a palavra certa agora. *Regozijar-se.* Deleitar-se com coisas divertidas. É impressionante, quando vejo fotos dessa época, olhar seu incansável sorriso enviesado ao jogar minigolfe, muito embora você mal conseguisse manejar o taco, ou durante idas ao supermercado, embora você precisasse ficar sentada no carrinho, ou em uma visita a um parque de diversões, embora eu tenha tido que carregá-la de um brinquedo até o outro.

Por mais soterrados que estivéssemos no embate médico, em se tratando de diversão, você era incansável.

Para parafrasear Emily Dickinson, como não pude parar para a alegria, você gentilmente parou por nós.

Você nos maravilhava com o seu astral.

Ela está sentada à mesa da cozinha, me encarando.
– O que você está fazendo?
– Lendo um livro.
– Que tipo de livro?
– Sobre o Haiti.
– Por que está usando essa coisa amarela?
– Para marcar as partes importantes.
– Tio Mitch?
– Hum?
– A próxima vez que a gente for ao Haiti, eu posso ficar lá?
– Você vai ter que voltar comigo.
– Por quê?
– A gente ainda precisa ir nos médicos. Você ainda está um pouco doente.

Digo isso depressa, sem pensar. Não me dou conta de que é a primeira vez que uso a palavra *doente* com ela.

– Eu não estou doente! Não estou doente!
– Tudo bem.
– Só estou com dificuldade para andar!

Você

Quando aterrissamos na Alemanha, você encontrou uma nova companheira.

Uma cadeira de rodas.

Você agarrou os puxadores.

– Isso é pra mim? – perguntou.

Precisei desviar os olhos. No fim da vida, Morrie ficou confinado a uma cadeira de rodas. Minha mãe também, após sofrer um AVC. Meu pai passou um ano empurrando-a até também ser acometido por um AVC, e foi se juntar a ela no mundo dos cadeirantes, ladeados por rodas gigantescas e dependendo de vãos largos para passar.

Por um tempo, tentamos mantê-los em suas atividades normais: ir ao cinema, levá-los a restaurantes, contando com a ajuda de cuidadores para embarcá-los e desembarcá-los de carros. Mas o mundo diminuiu de velocidade. Apenas alguns lugares nos comportavam. Eu às vezes olhava para meus pais, afundados resignadamente nas cadeiras, sombras cansadas das pessoas cheias de energia que tinham sido. Não consegui pôr você em uma cadeira de rodas sem ficar com o peito apertado, Chika.

Mas você, como sempre, viu o mundo de outra forma. Você enxergou naquilo um jeito mais rápido de chegar aos lugares, e de eu conseguir levá-la. Usamos aquela primeira cadeira para manobrar pelo aeroporto de Colônia e sair para o estacionamento. Com os carros passando a toda a velocidade, você falou:

– Rápido, tio Mitch! Não deixa eles baterem na gente!

Quando chegamos ao apartamento alugado, eu tirei você do carro, carreguei-a no colo até o outro lado da rua e passamos por um ponto de ônibus até chegar à porta da frente. Ao entrarmos, fomos recebidos por duas surpresas:

Uma enérgica proprietária italiana chamada Antonietta.

E um comprido lance de escadas.

– Não temos elevador – disse Antonietta ao ver você no meu colo. – Eu sinto muito.

Assim, além da cadeira de rodas, nossa nova rotina incluía subir e descer a escadaria com você agarrada ao meu pescoço como uma mochila. Eram dezenove degraus. Você pesava 27 quilos. De modo que eu chegava lá em cima ofegante. Você, claro, achava que isso fazia parte da diversão e implicava:

– Tio Mitch, você precisa dormir! Está cansado!

Eu entrava com você, a levava depressa até o quarto e a largava em cima da cama, arfando. Quando voltássemos para os Estados Unidos, eu descobriria uma hérnia.

Mas você não tinha como saber. Em vez disso, ria como se aquela viagem toda fosse uma aventura. Isso quase nos fazia esquecer por que estávamos ali.

A clínica em Colônia ficava no quinto andar de um prédio de escritórios multiuso, com uma academia de ginástica no andar de baixo e um supermercado ao lado. Ao contrário dos hospitais de Michigan, não havia saguões elegantes, nem paredes de vidro, nem obras de arte ou estátuas do Superman. Apenas corredores revestidos de fórmica, salas de exame apertadas, mesas de madeira e paredes finas. Tínhamos que fazer manobras complexas com sua cadeira de rodas para nos movimentar lá dentro.

Apesar disso, a equipe era gentil, e o Dr. Van Gool, em seu jaleco branco, era um homem impressionante. Especialista em imunologia altamente respeitado, ele disse ter ido para a Alemanha porque lá as leis relativas a médicos e pacientes lhe permitiam ajudar mais diretamente as crianças necessitadas. Ele falava muitos idiomas, e usava o inglês de um modo acadêmico que às vezes nos confundia. Mas era um homem muito caloroso. Baixo e atarracado, tinha fartos cabelos cor de palha emoldurando uma testa alta e um rosto alegre, bochechas coradas e um sorriso largo. Você gostou dele na hora.

– Então, o que vamos fazer é o seguinte... – começou ele, como começava muitas frases.

O procedimento deles parecia teoricamente genial. Primeiro colhiam uma grande amostra de sangue para o laboratório poder trabalhar. Então infundiam na pessoa algo chamado Doença de Newcastle, um vírus fatal em galinhas, mas inofensivo para seres humanos. A presença do vírus causava uma resposta do sistema imunológico, que eles estudavam retirando células após cinco dias. A esperança era conseguir estimular qualquer defesa que o corpo produzisse inserindo as células alteradas dentro das que tinham sido previamente removidas, depois modificando-as em laboratório, milhões delas, em seguida injetando-as de volta no corpo na forma de uma vacina. As células modificadas, em teoria, iriam estimular as células imunológicas da pessoa a atacar o tumor DIPG.

Era como treinar seu próprio exército para combater um inimigo que você mesmo tinha criado. O que é mais ou menos a definição de câncer.

Claro que para você, Chika, era apenas a rotina diária no quinto andar. Você tirava seu casaco rosa e nós a colocávamos em cima da mesa de exame. Durante a infusão, eles estimulavam o processo com eletro-hipertermia modulada, uma almofada redonda encostada na sua cabeça que transmitia um campo elétrico para a área do tumor.

Você nunca reclamava. Nunca perguntava por quê. Ficava assistindo ao filme *101 Dálmatas* em um iPad (você adorava esse filme) até chegar a hora de ir embora.

Uma vez, quando estávamos saindo, você berrou da cadeira de rodas para ninguém em especial:

– TCHAAAAAAU!

E quando apertei o botão do elevador, você cantou:

– Pode apostar que vai fazer SOL AMANHÃ!

Eu poderia contar mais detalhadamente sobre o processo de imunologia, mas o que mais lembro agora, Chika, ao escrever estas páginas, é de como você estava feliz na Alemanha. O apartamento era bem diferente da nossa grande casa em Michigan. Era pouco mais do que funcional: uma pequena cozinha, uma sala, um quarto, e um banheiro no meio. Mas você adorava. Era um apartamento novo, cheio de paredes branquinhas para você desenhar. E era seu. Melhor ainda, nós éramos seus. Na Alemanha, o telefone não tocava. Ninguém aparecia na porta. Eu nunca saía para trabalhar. E todos os nossos pequenos passeios, para a clínica ou para o mercado, eram feitos juntos. Eu descia a escada com você nas costas, te colocava na cadeira de rodas, travava os descansos de pé, punha o cinto de segurança, e lá íamos nós.

Colônia é bem bonita, e no final de setembro o céu era de um azul vivo. Nós seguíamos pelas ruas e pelas praças comerciais, e você cantava tão alto que as pessoas se viravam para te ver. Cantava qualquer coisa que viesse à mente. "Blue Room", de Ella Fitzgerald, ou "Santa Claus is Coming to Town". Nós sempre lhe dizíamos para usar sua "voz de dentro de casa" no apartamento, mas ali, nas ruas cheias de tráfego, você podia berrar o quanto quisesse.

Seguimos pelas ruas que conduziam à Kölner Dom, a famosa e secular catedral de Colônia. As torres têm quase duzentos metros de altura, e apontam para o céu como flechas.

– Ah, não! – exclamou você quando chegamos lá.
– Ah, não por quê?
– Ah, não, eu nunca vi nada igual a ISSO.

Nós olhamos para cima, e você ergueu o braço para se proteger do sol. Estava comendo um pretzel típico da Baviera.

– Chika, você sabe o que é isso?
– Um castelo de princesa?
– Não, é uma igreja. Onde as pessoas rezam.
– Rezam para quê?
– Bom, eu acho que para tudo. Rezam pela família e rezam para ficar boas, se estiverem doentes. Talvez estejam rezando por você.
– Elas não rezam por *mim*. Eu não sou *filha* delas.
– Bom, nunca se sabe.
– Mas elas nem me *conhecem*!
– As pessoas não precisam te conhecer para rezarem por você, querida. Elas podem rezar só porque você é uma menininha linda e elas querem que você fique boa, né? E você também pode rezar por elas.

Você aquiesceu devagar, como se estivesse refletindo a respeito, então engoliu seu pretzel e ficou encarando as gigantescas torres.

– Uau – murmurei.
– Uau – repetiu você.

Uma palavrinha sobre rezar.

A única foto que temos da sua primeira infância é de você sendo segurada por um pastor no seu batismo. Está com um sorriso enorme, e seus olhos encaram o céu. Talvez isso fosse um prenúncio da sua fé e da sua alegria.

O começo da sua vida foi cheio de orações. Disseram-me que a sua mãe costumava rezar junto com o rádio, e a sua madrinha rezava o tempo todo. Na missão, você e os outros rezavam todo dia de manhã e de noite, e aos domingos durante a missa. Você não comia sem antes dizer: "Deus, obrigada por esta comida que aqui recebo..." E, antes de pegar no sono, você recitava o "Pai Nosso" inteiro.

De modo que os seus dias eram pontuados por orações, mas principalmente as de ritual e de gratidão.

As orações de desespero ficaram para nós.

Certa noite, na Alemanha, para abençoar a comida, você uniu as mãos e fechou os olhos, mas seu olho esquerdo não fechava mais. Por fim, à noite, precisávamos pôr colírio e fechar seu olho com fita adesiva para que não secasse.

Você aceitava isso, porque nós dizíamos que era importante. Mas essas coisas me deixavam arrasado, Chika. Ver você dormir com o olho colado com fita adesiva? Ver você deitada em uma maca enquanto colhiam mais sangue? Minhas orações mais pareciam súplicas. *Por favor, Deus, por que ela precisa passar por isso? Por favor, Deus, ela é só uma menininha.*

Durante todo o período que você passou conosco, ouvi as pessoas falando da "vontade de Deus" ou "se Deus quiser". Gostaria de poder dizer que aceitei isso sem resistência, mas, se fosse verdade, nós talvez nunca tivéssemos levado você para ser operada nos Estados Unidos, nem lutado contra os tratamentos convencionais, ou ido com você para a Alemanha. Será que a vontade de Deus era você ficar doente no Haiti, ou ser curada em um país estrangeiro?

Tia Janine era melhor nisso do que eu. Muitas vezes a ouvi no quarto, com amigas ou com as irmãs, recitando baixinho: "Pai nosso que estais no céu..." Ela sempre se reconfortava rezando e conversando com Deus. Para mim, escrever era mais natural. Quando se escreve, também se tem a sensação de estar conversando, e às vezes eu anotava meus pensamentos como se Deus pudesse lê-los, e pedia força.

Mas se orações são para nos ajudar a ficar em paz, Chika, eu nem sempre conseguia. Admito. Não entendia por que uma criança precisava sofrer, por que a clínica de Colônia tinha tantas crianças precisando de ajuda para andar ou falar. Isso não significa que eu perdi minha fé em Deus. Mas ela foi posta à prova. C. S. Lewis, o homem que escreveu os livros da série Nárnia, que você tanto amava, certa vez disse que é fácil confiar em uma corda quando a usamos para amarrar uma caixa. Mas quando estamos agarrados a ela sobre um precipício mortal, é algo totalmente diferente. À medida que a sua saúde foi piorando, passei a me agarrar com mais desespero. Muitas vezes sentia raiva do Senhor.

Acho que o motivo pelo qual não me afastei por completo remete a algo que um velho rabino chamado Albert Lewis certa vez me disse. Ele tinha perdido a filha de 4 anos para uma crise de asma, nos anos 1950.

Perguntei se até mesmo ele, um honrado sacerdote, ficara bravo com Deus por causa disso.

– Ah, eu fiquei uma fera – disse ele.

Então por que não parou de acreditar?

– Porque, por pior que eu me sentisse, me reconfortava ter alguém com quem me lamentar, um poder para o qual pudesse gritar "Por quê?!". Isso ainda é melhor do que não ter ninguém a quem recorrer.

Foi essa a minha abordagem, Chika. Às vezes eu rezava, outras vezes uivava e protestava. Muitas vezes perguntei ao Senhor: "Por que está deixando isso acontecer?"

Você nunca perguntou isso. Sua fé era pura. A fé das crianças muitas vezes é assim. Mas isso não a impedia de sentir medo de vez em quando. Uma noite, você teve dificuldade para dormir. Sentei-me na beirada da sua cama e perguntei qual era o problema. Você me disse que estava com medo de o diabo vir buscá-la no meio da noite.

– Não tenha medo – falei. – Deus está vigiando para o diabo não poder te levar.

Você desviou os olhos.

– E se ele vier quando Deus não estiver olhando?

Seis

Eu

À medida que me aprofundo na escrita destas páginas, constato que estou ficando doente. Meus pés formigam. Minhas mãos suam frio. Sinto a cabeça congestionada e um pouco tonta. Certa manhã, sentado em frente ao teclado, começo a tremer, minha pulsação se acelera, e sinto o suor brotar na testa. Minha bochecha fica dormente. Pergunto-me se vou desmaiar, ou pior, sofrer um AVC.

Isso acontece várias vezes. Consulto médicos. Os exames dão todos negativo. Ressonância magnética. Eletrocardiograma. Exame de sangue. Eles me dizem para me hidratar mais, consumir menos cafeína, dormir melhor. Talvez não passar tanto tempo curvado para uma tela escrevendo esta história, pois minha coluna, meu quadril e meu pescoço estão pagando o preço. Mas eu continuo me sentindo meio esquisito, e às vezes sinto o sangue correr mais depressa e experimento a mesma angústia de um acusado aguardando o veredito.

Janine tem seu próprio diagnóstico.

– Você passa o dia inteiro sentado relembrando uma época muito difícil. É emocional. Você está vivendo um luto. Não pode se espantar que o seu corpo esteja reagindo a isso.

– Mas por que agora? Eu já me conformei com o que aconteceu, não?

Janine me encara como se eu estivesse sendo ingênuo.
- Você a amava, Mitch.
É tudo que ela diz.
E é isso que torna tão difícil contar esta última parte.

Nós tínhamos uma rotina de amor, Chika e eu. Não sei ao certo quando começou. Se ela me parecesse triste, eu me postava na sua frente e dizia:
- Chika, já te disse hoje o quanto eu te amo?
E, sabendo o que estava por vir, ela fazia doce.
- Nããão - respondia.
- *Esse tanto!* - dizia eu, e abria os braços.
A cada semana eu os abria mais, porque sabia que ela estava medindo. Com o tempo, passei a unir os braços atrás das costas e a me virar para lhe mostrar as mãos unidas.
- *Eeeeesse tanto* - balbuciava, todo esticado.
Isso a fazia rir, um riso satisfeito, porque ela sabia que eu tinha ido até o limite por sua causa. Ela sempre se alegrava um pouco depois disso. Ficava mais calma. E eu também.

Ainda me lembro da primeira vez que Chika falou "eu te amo". Levou algum tempo. Ela gostava de ouvir de Janine ou de mim, mas não parecia ter pressa para retribuir.

Certa noite, quando devia fazer uns quatro meses que estava conosco, eu estava em um aeroporto e liguei para casa. Chika estava animada. Ela gostava de ter Janine só para si. As duas estavam jogando algum tipo de jogo.
- Então tá - falei, no final. - Comporte-se.
- Pode deixar - disse Chika.
- Eu te amo.

– Eu também te amo!

Fiquei atônito, e senti uma onda de contentamento. Quis gritar para Janine: "Você escutou? Ela acabou mesmo de dizer isso?"

Mas Chika, com pressa de voltar para a brincadeira, tinha desligado, e fiquei encarando o celular nas mãos. Mesmo assim, foi uma sensação maravilhosa.

Nós

– Tio Mitch?
Oi?
– A gente foi na Alemanha três vezes.
Isso mesmo.
– Eu vi o zoológico. E a ponte com todos os cadeados.
Ela está se referindo à ponte Hohenzollern, em Colônia, que passa sobre o rio Reno. Casais pintam "cadeados de amor" e os prendem na mureta da ponte para simbolizar seu compromisso. Há mais de quarenta mil agora. O peso está se tornando um problema. Pelo visto o amor às vezes pode ser excessivamente pesado.
– Por que a gente não voltou de novo?
À Alemanha?
– Aham.
A gente não pôde.
– Você quer dizer que *eu* não pude – diz ela.
Hesito.
Isso mesmo, respondo.
– É. – Ela faz uma careta. – Eu sei.
Ela atravessa o escritório e para em frente às estantes para examinar seu conteúdo. Lá fora faz um dia frio e invernal, e hoje de manhã ela apareceu correndo na minha direção da porta do

escritório, seus pés sem fazer barulho no carpete. Virei-me e vi seus últimos passos antes de ela rolar em uma cambalhota, aterrissar de bunda e gritar "Ai!".

Observando-a agora, percebo quanto estudei o andar de Chika durante o tempo que ela passou conosco. Assim como seu olho esquerdo e sua boca, seu andar era um termômetro da doença. Quando chegou, observei sua perna rígida, e depois da cirurgia e dos corticoides, seu andar cambaleante. Testemunhei quase uma volta ao normal, após a radioterapia, em seguida uma preferência pelo lado esquerdo, à medida que as coisas foram se deteriorando.

Certa vez, entre duas idas à Alemanha, eu a observei se afastar fazendo birra após ter ficado com raiva por ter que tomar algum remédio.

– EU NÃO QUERO! – gritou ela.

Então suas pernas cederam. Ela se estatelou no chão. Fui ajudá-la, mas Chika me empurrou e engatinhou até os degraus do quarto. Conseguiu subir um degrau, escorregou, depois tornou a subir. Chika abriu mão de muitas coisas durante sua batalha contra o DIPG. A gana de lutar nunca foi uma delas.

– Ei! Tio Mitch! – diz ela agora.

Ergo os olhos. Ela está segurando o bloco pautado. Aponta para o penúltimo item da lista.

– Isto aqui tem a ver com a tia Janine?

LIÇÃO SEIS

Quando um casamento se torna uma família

Bem, Chika, sim. Eu deveria ter escrito sobre ela antes. Mas, assim como você foi uma revelação, o que descobri sobre a minha esposa também foi.

Lembra a manhã do seu primeiro dia de Ação de Graças conosco? Tia Janine e eu estávamos na cama conversando. Você se levantou e chegou mais perto.

– Você vai pro trabalho agora, tio Mitch?
– Hoje, não.
– Vai escrever um livro?
– Hoje, não.
– Você precisa ir a algum lugar?
– Não. Vou ficar aqui com vocês.

Você desviou os olhos.

– Você não *quer* que eu fique aqui com vocês? – perguntei.
– Quero...
– Mas?
– Ahn, você não tem que ir trabalhar, sei lá?

Tia Janine riu. Ela sabia que você queria se aconchegar com ela, e precisava que eu saísse de cena.

Fiquei orgulhoso do modo como você tentou não me magoar. Mas quando me levantei para fazer café, olhei para trás e vi vocês duas já enroscadas debaixo das cobertas, e senti outra coisa, algo intenso que me esquentou por dentro e me causou satisfação. O seu vínculo com tia Janine havia crescido de modo tão natural que era difícil me lembrar de uma época em que ele não existia. Mas isso a transformou.

E transformou nosso casamento também.

Antes de você vir para os Estados Unidos, eu ficava atualizando tia Janine com informações. *Chika talvez precise de ajuda. Chika talvez precise ser operada. Chika talvez precise ficar conosco.* Hoje me dou conta de que eu nunca perguntei se por ela tudo bem. E ela nunca me fez sentir que era preciso perguntar.

Isso não é algo trivial. Esta casa é tanto dela quanto minha. Mas ela abriu os braços assim que você chegou. E nesse abraço você encontrou algo que eu jamais poderia lhe dar.

Era tia Janine quem lhe dava banho e a vestia. Foi tia Janine quem escolheu seus sapatos de boneca e a ajudou com a fivela. Era tia Janine quem enfeitava seu cabelo com presilhas, e era a mão dela que você segurava ao marchar em direção ao chuveiro, gritando para mim: "Privacidade, por favor!" Quando você perguntou, do nada: "Se eu me casar e precisar fazer cocô, quem vai me ajudar a tirar o vestido de noiva?", foi tia Janine quem respondeu: "Eu."

Era tia Janine quem ficava desenhando arco-íris com você, e quem preparava seus shakes de suplementos e a fazia bebê-los. Era tia Janine quem a tranquilizava quando você fazia xixi na cama e ficava envergonhada demais para me contar. Era tia Janine quem lia versículos da Bíblia para você, corrigia seus deveres de casa e dormia com você no quarto na sua primeira noite em algum hospital. Eram os longos cabelos pretos de tia Janine que você gostava de escovar e puxar acima da sua cabeça, se inclinando para ela e exclamando: "Olha, tio Mitch! A gente tem o cabelo igual!"

Quando você fazia isso, ela ria e lhe dava um abraço apertado, e eu era relembrado de como havia sido bobo nos primeiros anos do nosso casamento, quando ter filhos me deixava preocupado. Os homens muitas vezes têm medo de que, se formarem uma família, suas esposas se concentrem mais nas crianças e o relacionamento se resuma a levá-los para a escola, cuidar da casa e lavar roupa. Isso tem por base algo por si só bastante infantil: uma relutância em dividir atenção.

Mas ver você e tia Janine juntas só me deixava mais realizado. Depois de tantos anos juntos, você acha que conhece a pessoa com quem se casou, e eu pensava conhecer totalmente tia Janine. Conhecia seus humores e sabia o que a comovia, conhecia seus sons e as caras que ela fazia. Sabia que ela era simpática com desconhecidos e que amava ferozmente a própria família, que tinha uma inteligência afiada e cantava muito bem, embora fosse tímida demais para mostrar o quanto. Sabia que ela adorava pão fresco, camarão, os Beatles, canto gospel, e receber todo mundo em casa para dormir nos sofás. Sabia que volta e meia ela tinha dores nas juntas, que suportava sem reclamação, que era incapaz de desligar na cara de atendentes de telemarketing, que a morte da sua irmã mais velha, Debbie, tinha sido uma enorme tragédia em sua vida. Sabia que ela dava a todos, não importava o mal que a pessoa tivesse feito, uma segunda e uma terceira chances.

E sabia que ela me amava mais do que eu merecia, que tomava o meu partido em qualquer conflito, e que depois de 27 anos ainda soava animada quando eu lhe telefonava.

Mas a sua chegada provocou algo novo, Chika, uma sensação de descoberta que a maioria dos casais experimenta bem mais cedo, acredito. Foi uma dose de cor nova em uma tela já conhecida. Vê-la vestir você, dar banho em você, cuidar de você, cantar para você, me fez valorizar mais ainda a mulher com quem eu havia casado, cujos instintos estavam aflorando com tanta facilidade, como um botão de flor que tivesse passado décadas à espera do sol.

Nesse primeiro dia de Ação de Graças você quis se arrumar, então ela a vestiu com um tutu azul de purpurina e um suéter preto, e pôs na sua cabeça uma faixa com uma grande flor cor--de-rosa. Você pediu para usar um colar e ela lhe deu dois, e você se olhou no espelho toda orgulhosa. Não sei de onde vinha sua inclinação para a moda, Chika, mas desconfio que você muitas vezes ficasse olhando tia Janine se vestir, e que de certa forma quisesse ser igual a ela.

Nessa noite nós fizemos um brinde aos novos rostos em volta da mesa. Tia Janine disse quão agradecida estava por ter você ali conosco. Pela primeira vez em incontáveis festas de Ação de Graças, nos sentimos menos um casal e mais uma família. Eu sei quanto isso significou para ela.

No seu segundo dia de Ação de Graças, depois de duas idas à Alemanha, as coisas haviam mudado muito. Sua fala estava mais arrastada. Seu olho estava muito caído. Você não conseguia mais correr nem brincar com as outras crianças. Comer era um processo laborioso. Você às vezes deixava a comida escorrer da boca. E o pior de tudo, para você: Aidan parecia mais interessado nos outros primos, que corriam pela casa. Quando colocamos vocês dois lado a lado para comer, não tiveram muito assunto. Talvez você estivesse com vergonha. Terminada a refeição, ele saiu correndo para brincar.

Tia Janine e eu vimos a mágoa em seus olhos. Sentada no sofá, você nos perguntou:

– Por que o Aidan não me ama?

Minha vontade era agarrar o menino e fazê-lo ficar ao seu lado a noite inteira. Mas tia Janine foi mais delicada na sua resposta. Ela disse para você não se preocupar, que tudo acontecia no seu devido tempo, e que você era linda e ela estava orgulhosa de você. E eu nunca senti mais orgulho de ser marido dela.

Houve momentos em que você quis chamar tia Janine de "mãe". Isso a emocionava mais do que você imagina. Porém, por mais que no fundo ela desejasse isso, sempre lhe lembrava quem era a sua mãe, e vivia buscando informações para dividir com você.

Certa noite, vocês duas estavam assistindo *Peter Pan*, uma cena em que o menino tem uma visão da mãe que partiu. Quando o filme acabou, você perguntou se algum dia veria sua mãe de novo.

– Sim, meu amor – respondeu tia Janine. – Você vai revê-la no céu.

– Mas como ela vai me *reconhecer?*

– As mães nunca esquecem os seus bebês.

Você baixou a cabeça.

– Mas como eu vou reconhecer *ela?*

Percebemos que as suas lembranças não iam tão longe. Na verdade, você estava conosco, no orfanato e depois nos Estados Unidos, há mais tempo do que jamais estivera com a sua mãe ou com a sua madrinha. Alguns podem pensar que isso faz jus à palavra *mãe*. Mas tia Janine não se importava com títulos, apenas com amá-la, protegê-la, e abrir seus olhos para todas as maravilhas desta vida, inclusive o tempo antes de você vir abençoar nosso pequeno universo.

Lembra como você ficava fantasiando sobre se casar, Chika? Bem, quando as pessoas se casam, elas compartilham o amor de um casal. Mas quando os filhos chegam, criam outro tipo de amor, não só por quem acabou de chegar, mas pela nova entidade que foi criada. A família. Não é melhor do que o amor de um casal, mas sim complementar, imbuído de uma nova compreensão e de um coração maior, expandido.

Hoje penso nas três vezes ao dia, todos os dias, em que tia Janine limpava seu cateter PICC, lenta e meticulosamente, esfregando os algodões com álcool para garantir que não houvesse infecção. Penso em todos os banhos e idas ao banheiro e em todas as vezes que ela vestiu ou despiu você. Lembro de todas as manhãs em que vocês duas ficaram brincando debaixo das cobertas, em todos os filmes a que você assistiu sentada no colo dela, em todas as vezes que ela a deixou escovar seus cabelos, ou experimentar seus brincos, ou conduzi-la pela mão rumo a qualquer nova descoberta que você simplesmente *precisava* lhe mostrar, dizendo: "Tia Janine! Olha!" Penso nela sentada ao seu lado bem depois de você adormecer, rezando por um milagre, então olhando para mim com lágrimas nos olhos e sussurrando: "A gente não pode perdê-la, Mitch. Não pode."

Pode ser que existam outras palavras para descrever isso além de *mãe*, mas foi um papel tão maternal quanto possível. E ver tia Janine dessa forma foi um presente raro e precioso. Isso foi você quem me mostrou, Chika. Por isso faz parte da lista.

Certa tarde, nós a ouvimos cantar no quarto. Janine pega uma câmera. É uma música gospel chamada "No Longer a Slave", que as crianças no Haiti cantam durante o louvor. Chika está cantando verso por verso, sentada na cama, usando uma camiseta amarela e uma calça de pijama.

Em geral, quando um adulto entra no recinto, as crianças param de cantar, principalmente se o adulto estiver tentando filmá-las. Mas quando Janine entra, Chika não para. Seus olhos estão quase vidrados, e ela parece em comunhão com algo invisível.

"Não sou mais escrava do medo
Sou filha de Deus."

Ela passa oito minutos cantando. Ininterruptamente. Mesmo com a câmera a poucos centímetros do seu rosto. Ao terminar, deita e fecha os olhos.

Janine sai do quarto atordoada.

– Ela ficou esse tempo todo cantando sozinha? – pergunto.

– Sozinha, não – responde Janine. – Ela estava conversando com Deus.

Você

Nossa última viagem à Alemanha, no começo de dezembro, pareceu quase uma volta para casa. O mesmo apartamento em Colônia. A mesma divertida proprietária italiana. Os mesmos dezenove degraus. As mesmas idas de cadeira de rodas aos mercados, às praças e à clínica. E você, Chika, estava contente de deixar para trás as aglomerações do feriado de Ação de Graças e estar de volta ao centro das atenções.

Mas o frio havia aumentado, e nós tínhamos que enrolá-la bem em cobertores. Sua fala estava perceptivelmente mais lenta, e seu tronco se balançava para a frente e para trás, o que dava a impressão de que você estava se movendo ao ritmo de uma música, mas na verdade estava perdendo lentamente o controle motor. Quando comíamos, você tinha dificuldade para usar a faca e bebia com um canudo para não deixar o copo cair. Em uma feira natalina, eu a vi estudando os próprios dedos, esforçando-se para movê-los um de cada vez.

Havia outros sinais ruins. Uma menininha de quem você ficara amiga na clínica não voltaria mais, pois o tumor dela evoluíra e um segundo se formara. Em uma das visitas, enquanto você assistia a um filme no iPad, o Dr. Van Gool mostrou para tia Janine e para mim as estatísticas de seus estudos até ali, gráficos com linhas pretas e verdes, com as verdes representando os pacientes mais recentes. Segundo ele, o objetivo era fazer a linha verde se curvar e se achatar acima da preta, sugerindo uma trégua entre o tratamento imunológico e o progresso do DIPG.

Perto do final da linha preta eu vi uma fieira de marcações vermelhas.

– O que são esses X? – perguntei.

Tia Janine tocou meu braço.

– São cruzes – sussurrou ela. – Significa que os pacientes morreram.

Naquela noite, na apertada cozinha do apartamento, ficamos escutando músicas infantis enquanto você tentava colorir. Você cantou junto enquanto conseguiu. Parecia estar recuperando o amor pelas canções de ninar, talvez porque elas fossem mais simples de lembrar. Adorava "Brilha, brilha, estrelinha".

Lembro de estarmos no banco de trás de um carro, uma vez, cantando essa música, e de você tapando a minha boca com a mão para poder terminar sozinha. Depois da cantoria, eu perguntei:

– Sabia que você pode fazer um pedido a uma estrela?

– É?

– É só dizer: "Eu quero fazer um pedido àquela estrela, e ela vai me ajudar a realizá-lo."

– Ou então a gente podia fazer uma estrela vir até aqui – sugeriu você baixinho.

– Até aqui? – perguntei.

– Como um presente.

– Tirá-la do céu, você quer dizer?

– É.

– E deixá-la bater na porta e dizer "Oi"?

– Nããão... estrela não fala.

Eu deveria ter dito que fala sim, Chika, porque eu estava escutando uma. Em vez disso, balbuciei:

– Parece uma boa ideia.

E você encostou a cabeça no meu peito e eu beijei seus cabelos. Queria que aquele instante tivesse durado muito mais, olhando para suas bochechas, seu nariz, seus olhos. Nós adultos podemos ser horrorosos, Chika. Mas no rosto de cada criança vemos que o Senhor não desistiu de nós. O seu era prova disso.

§

Quando voltamos da Alemanha, alguma coisa deve ter acontecido. Você estava prostrada. Vomitou no carro. Seus olhos estavam desfocados. Suas frases começavam altas, mas terminavam em um sussurro.

Levamos você ao Hospital Mott e lá fizeram uma ressonância. O pior se confirmou. Havia um "progresso significativo" da doença. Pensei em quanto essa palavra havia mudado para nós, *progresso*, que antes significava algo positivo e agora era tudo menos isso. Faltava uma semana para o Natal; tia Janine já havia montado a árvore, e as pessoas já estavam vindo deixar seus presentes. Às vezes eu pegava você sentada no chão, olhando os enfeites sem dizer nada, e quando eu perguntava "Está olhando o quê, Chika?", você me encarava antes de responder, piscando como se estivesse tentando me encontrar no meio de uma tempestade de neve.

Nós

– Tá bom, eu vou embora agora.

Por quê, Chika?

– Porque você vai ficar triste.

Isso é ruim?

– Ruim, não. Só...

Ela torna a bater com o dedo na bochecha.

– ...só não é divertido.

Você só quer se divertir?

Ela dá de ombros.

– Humm, é! Eu sou *criança*!

Ela enfatiza as sílabas da palavra *criança*. Não sei o que responder.

– Eu volto quando você terminar – diz ela.

Espera!, grito.

Ela me olha com curiosidade.

Para onde você vai? Quando não está aqui? Para onde vai? Pode me dizer? Pode me contar como é?

Ela baixa os olhos.

– *Você* pode *me* contar como é? – rebate ela.

É algo que ela muitas vezes dizia quando não sabia alguma resposta. Fingia uma falsa segurança. Como na vez em que estava cantando a canção de um musical e parou no meio.

– Você não sabe o resto da letra, Chika? – perguntou-lhe Janine.
– Sei, *sim* – respondeu ela. – Mas *você* não sabe.

Não, respondo dessa vez, eu não posso contar como é. Quero acreditar que você está feliz e na paz de Deus, e que vai ser criança para sempre. Que pode brincar, rir e usar todas as partes do seu corpo. É isso? É assim o lugar para onde você vai quando não está aqui?

Ela fica na ponta dos pés.

– Por que você está passando mal, tio Mitch?

Como assim?

– Você tem várias dores.

Eu não sei, digo. Os médicos não conseguem achar nada.

– Não esse tipo de dor.

Ela pousa a mão na minha. Sua camiseta tem um desenho de sorvetes de casquinha.

Por favor, fica, sussurro.

– Vida dura, irmão! – cantarola ela.

E desaparece.

Sete

Você

Teve uma noite, na Alemanha, quando estávamos todos na mesma cama e você disse para tia Janine:
– Eu tenho um segredo para te contar.
E tia Janine perguntou:
– Qual?
E você sussurrou:
– Beija o tio Mitch. – Então, com você deitada entre nós dois, nos beijamos por cima da sua cabeça. – Agora vocês podem viver felizes para sempre – concluiu você.
Quem dera.
Chika, eu não quero chegar a um sétimo capítulo neste livro. Queria parar no seis, como no poema de A. A. Milne, e ter essa idade até quando desse vontade. Você estava bem com 6 anos. Foi quando teve seus momentos mais engraçados. Suas maiores aventuras. Você ainda tinha 6 anos na última ida a Colônia. Lembro-me de passar empurrando sua cadeira de rodas por uma idosa em situação de rua sentada na calçada. Você perguntou o que ela estava fazendo. Falei que ela precisava de ajuda e que deveríamos lhe dar dinheiro. Então você segurou hesitante as notas que lhe estendi, e cambaleou ao se inclinar na direção dela.

– Oi – balbuciou você, e ela sorriu, do jeito que você fazia todo mundo sorrir.

E eu pensei: Então tá, Deus, vamos parar por aqui, nós aceitamos isso, mesmo se ela passar o resto da vida em uma cadeira de rodas, mesmo se ficar cambaleando, mesmo falando arrastado. Por favor, simplesmente pare por aqui e nós ficaremos gratos.

Mas não cabe a nós escolher quando parar.

Para que fique registrado, os tratamentos que tentamos já perto do fim da sua batalha foram numerosos e variados. Não deixamos nenhum caminho por explorar. Retomamos as infusões de Avastin no Hospital Mott. Enquanto isso, por sugestão de vários médicos mundo afora (obrigado, internet), tentamos uma substância chamada álcool perílico, que você inalava através de um nebulizador, e depois outra substância chamada ácido valproico, que era injetado no seu cateter PICC. Corremos atrás de um inibidor de PMK de uma grande farmacêutica que correspondia a uma mutação do seu tumor e teoricamente poderia ter algum efeito, muito embora não tivesse sido criado para esse uso.

Duvido que qualquer dessas coisas tenha grande significado para você, Chika, tampouco as muitas horas de debate, pesquisa, telefonemas, aflição ou até mesmo súplicas para conseguir algumas delas, que muitas vezes eram difíceis de obter e contrariavam a medicina convencional. Mantivemos tudo isso a distância, e creio que tenha sido a escolha certa. Mesmo assim, quero que você saiba que nós tentamos.

Enquanto escrevia estas páginas, fiquei lendo seu prontuário médico fornecido pelo hospital. Encontrei um registro de dezembro de 2016:

A condição neurológica da paciente apresentou uma deterioração significativa, com fraqueza acentuada/tônus diminuído (e) fala quase ausente/disartria. Seu exame de ressonância magnética corroborou nova deterioração radiográfica.

Mesmo assim, seus responsáveis querem continuar com o tratamento ativo...

Mesmo assim. Essa expressão se destacou. Você estava no 19º mês de sobrevida a algo que, segundo eles, a teria levado em quatro, e a expressão que estava sendo usada era *mesmo assim*. Ela resumia a batalha que tia Janine e eu muitas vezes sentíamos estar travando com o mundo da medicina. Porque para os médicos, por maior que fosse a empatia deles, você era uma entre muitos, e para nós você era única.

Em outro nível, *mesmo assim* era uma expressão perfeita. Significa "mesmo com todos os indícios em contrário". E houve muita coisa em contrário à nossa jornada, Chika, desde o começo. Era improvável que a conhecêssemos, no Haiti. Era improvável que você fosse parar sob os nossos cuidados. Nós éramos velhos demais. Você era nova demais. O tumor supostamente a levaria embora depressa. Nós supostamente deveríamos ter aceitado esse fato.

Mesmo assim, ali estava você.

Mesmo assim, ali estávamos nós também.

Eu

Fico pensando se você sabe o que tem acontecido lá na missão, Chika. Você consegue ver? Aparece por lá, como aparece aqui? Sabe das quatro novas crianças que agora ocupam o dormitório feminino que você costumava chamar de casa? Ou que tia Anachemy, sua maravilhosa ex-professora, teve um menininho? Ou que todo sábado de manhã nossas crianças mais velhas acompanham tia Gina a uma clínica para bebês prematuros a fim de segurar os recém-nascidos no colo?

Consegue ver a horta que plantamos bem ao lado da escola, com couve kale, feijão e espinafre, protegida por uma cerca de arame até uma das crianças por acidente trombar na cerca e a derrubar? Ou a pequena sala de música que temos agora, com uma bateria, um par de violões e um pequeno teclado?

Consegue ouvir o Sr. Yonel, nosso vice-diretor haitiano, rezando por você na capela aos domingos? Sabia que seus dois irmãos mais velhos da missão, Siem e Emmanuel, estão agora nos Estados Unidos cursando a universidade como bolsistas? Viu que quando eles se mudaram para o alojamento estudantil e tiraram da mala seus pertences simples, eles pegaram uma foto sua e a puseram em cima da escrivaninha?

Sabia que Emmanuel está estudando medicina porque quer

ajudar as crianças, depois do que aconteceu com você? Consegue ver a influência que você ainda tem, mesmo depois de ter partido? Será isso uma bênção que nos é concedida quando esta vida termina?

Ou será isso apenas uma feroz e derradeira esperança que temos aqui na Terra, como a que tínhamos de encontrar uma cura para você, algo que permaneceu sempre fora do nosso controle?

Você

Seu último Natal foi discreto. Nós a levamos ao encontro anual da família, no dia 24, mas você praticamente ficou só olhando as outras crianças comerem e abrirem presentes. Àquela altura nós já tínhamos que lhe dar comida na boca, só alimentos pastosos, porque sua capacidade de segurar talheres estava comprometida e a deglutição tinha se tornado um problema.

Na manhã do dia 25, fizemos nossa pequena comemoração em casa, só nós três. Tia Janine pôs um suéter vermelho em você, e nós a seguramos no colo enquanto você abria os presentes. Você golpeava o papel de embrulho, decidida a abrir todos eles, ao mesmo tempo que os seus braços fugiam ao controle. Quando o papel saía, você balbuciava "O que é?", e eu suspendia cada brinquedo novo e explicava o que era, esperando até você assentir.

Levamos quase a manhã inteira. Não houve gritinhos nem palmas, nem correrias para montar brinquedos, nem panquecas, ovos ou torradas com manteiga de amêndoas, porque você não podia mais comer essas coisas.

Mas lembra o que eu falei sobre as manhãs de Natal sem crianças? Pela primeira vez em nossa vida, essa não era a nossa realidade, Chika. E pela primeira vez na vida, você tinha uma figura materna e uma figura paterna só para você no Natal. Naquela tarde, sentada ao seu lado diante da mesa, tia Janine começou a chorar. Com a mão trêmula, você estendeu o braço para pegar um lenço de papel e enxugou delicadamente as lágrimas dela. Então aproximou nossos rostos para podermos nos beijar.

Houve momentos nessa fase em que eu me perguntei se estávamos exigindo demais de você, Chika. Se os tratamentos não estavam exaurindo seu precioso corpinho. As coisas que você tinha que suportar. Os efeitos colaterais. Você muitas vezes parecia exausta.

Mas ter você conosco naquele Natal, no nosso colo, ver você desembrulhar uma meia-calça vermelha, o simples fato de saber que você tinha sobrevivido mais um dia, e aquele dia em especial, trouxe uma sensação de plenitude, de amor, como uma família tentando valorizar cada momento, o que às vezes é tudo que uma família pode fazer.

Duas semanas depois, comemoramos seu aniversário de 7 anos. Para essa festa todo mundo veio. Todo mundo mesmo. Nossas irmãs e irmãos, nossos primos e primas, os filhos e filhas deles, todos os seus "amigos" e "amigas" de 40, 50 e 60 e poucos anos, e a fila de contatos que você havia criado, de enfermeiros a músicos. Como você juntava gente! A festa foi na nossa casa, e nós pusemos em você seu vestido preferido da Bela, e quando tia Janine e vários amigos empurraram sua cadeira de rodas para a sala, eu toquei "Parabéns pra você" ao piano enquanto todos cantavam a letra.

Tínhamos chamado duas "princesas" para participar da festa, uma vestida de Cinderela e a outra de Bela Adormecida, e quando elas entraram pela porta, qualquer que fosse o peso que seu cérebro estivesse sentindo, você se iluminou. As princesas fizeram brincadeiras e lhe deram presentes, e cantaram músicas acompanhadas por uma caixa de som, entre elas "Um sonho é um desejo da alma", que termina com os versos sobre ter fé mesmo atormentada por algum mal, e que seus sonhos vão se realizar. Na verdade, você não conseguiu dizer muita coisa; ficou sentada entre mim e tia Janine a maior parte do tempo, segurando a nossa mão. Mas seus olhos acompanharam tudo.

Não consegui parar de te abraçar naquela tarde, Chika, não sei bem por quê. Eu me afastava por um minuto, então voltava e a pegava no colo, ajeitando as saias amarelas bufantes no meu antebraço. Às vezes sentia você afundar o rosto no meu ombro, e tentei fazer você olhar para o seu bolo, mas você não conseguiu levantar a cabeça. Foi o aniversário mais feliz e mais triste que eu jamais vivenciei.

Na minha ida seguinte ao Haiti, peço a Alain para me levar a um cemitério. Ele aquiesce, mas não diz nada. Nem precisa.

Vamos a um lugar chamado Parc du Souvenir, com uma estradinha que passa por dois grandes portões. Quando saltamos do carro está tudo silencioso e quente, e vejo fileiras irregulares de lápides em meio a uma grama falhada, em parte verde, em parte ressecada até ficar cor de areia. As lápides ficam bem próximas umas das outras. Não consigo imaginar aquilo para Chika. Minha respiração se acelera. Estou suando.

Um funcionário se aproxima e eu lhe peço para nos mostrar uma área mais reservada. Ele diz que não tem. Seguimos andando. As lápides têm o formato de grandes cadeados brancos. Muitas exibem dois, três, até quatro nomes.

– As pessoas são enterradas umas em cima das outras – diz Alain.

Ele vê minha reação.

– Não é assim que vocês fazem?

O sol é abrasador. Ouço um caminhão passar. Agora há vários trabalhadores conosco, um deles usando luvas de jardinagem. Parecem curiosos de ver um americano visitando o cemitério. Por fim, chegamos a um pequeno canto, debaixo de algumas árvores,

onde há dois jazigos vazios lado a lado. Vejo uma borboleta voejando em meio às folhas das árvores. Vejo-a voar para longe.
– Podemos comprar estes dois? – pergunto a Alain. – Para poder ter mais espaço?
– Podemos perguntar – diz ele.
No escritório, uma mulher de meia-idade, de óculos e batom vermelho anota meus dados. Quando digo que quero comprar os dois jazigos, ela pergunta:
– Para quantas pessoas?
– Uma. Uma criança.
Ela arregala os olhos.
– Não faz sentido. Ali dá para enterrar dez pessoas.
– Eu entendo – respondo. – Mas é o que eu gostaria.
Ela balança a cabeça.
– Talvez o senhor tenha outras crianças que vão precisar?
Só faço encará-la. Como responder a isso?
Ela termina a papelada. Eu faço o pagamento. Tornamos a entrar na caminhonete, e o homem das luvas de jardinagem acena quando passamos.
O trajeto de volta à missão é silencioso. Quando chegamos, vejo algumas das nossas crianças jogando futebol, e umas poucas pulando corda. Duas de nossas meninas, mais ou menos da idade de Chika, estão encostadas em uma mesa de piquenique olhando para o céu, como se as horas nunca fossem se esgotar. Como algumas crianças podem ter tanto tempo, e Chika tão pouco?
Sinto uma vergonha repentina, como se tivesse acabado de fazer algo terrível. Quero correr de volta até aquele cemitério e gritar: "Cancelem tudo! Foi um engano! Ela é só uma criança!" Mas Alain saiu na caminhonete para comprar diesel para o gerador, e eu fico ali sozinho, parado sob o sol.

LIÇÃO SETE

O que nós carregamos

Em uma tarde, quando você já não conseguia mais andar sozinha, estávamos colorindo na mesa da cozinha. Olhei para o meu relógio e me dei conta de que estava atrasado. Levantei-me.
– Desculpe, Chika, eu preciso ir.
– Não, não – protestou você. – Fica colorindo.
– Chika, eu preciso trabalhar.
– Tio Mitch, eu preciso *brincar*.
– Mas é o meu trabalho.
– Não é, não! – Você cruzou os braços. – O seu trabalho é me carregar.

Pensei mais nessa frase do que você pode imaginar. Na hora eu ri, pensando que era uma frase típica da sua personalidade encantadora e mandona. Mas quanto mais fraca você ficava, mais precisava que eu a carregasse de um lado para o outro do quarto, e mais eu me dava conta de quão sábias tinham sido aquelas palavras. *O seu trabalho é me carregar*. Essa frase se tornou a base do último item da minha lista, talvez a maior das lições que você me ensinou.

O que nós carregamos define quem somos.

E o esforço que fazemos é o nosso legado.

A primeira semana de fevereiro tradicionalmente é a semana do Super Bowl. Para os jornalistas esportivos, é um acontecimento importante. Eu havia coberto todos os Super Bowls desde 1985. Foram 32 anos seguidos. Era algo que o meu jornal esperava que eu fizesse, e eu na verdade passara a ter certo orgulho desse meu recorde, imaginando que fosse continuar assim até me aposentar.

Mas em 2017 eu não cobri o Super Bowl. Todas as coisas que eu carregava antes, todo o trabalho que parecia tão crítico, tinha ficado paralisado, descartado como um caminhão que se livra da carga. Quando essa semana chegou, marcando seu 21º mês de batalha – o que punha você no topo do limite de sobrevida dos pacientes com DIPG –, você estava em um ponto bem diferente da época da sua festa de aniversário, um mês antes. O tumor, nas palavras do Dr. Van Gool, "tinha se tornado bastante escandaloso". Como você não conseguia mais comer sozinha, uma sonda se fizera necessária para a sua alimentação. No início, tentaram uma que descia pelo seu nariz e pela garganta. Você a arrancou quando ninguém estava olhando. (Sério, parte de mim quis lhe dar os parabéns. Quem iria querer uma coisa daquelas?)

Mas isso apenas levou a uma versão mais estável: uma sonda implantada cirurgicamente no seu abdome. Todo dia e toda noite nós conectávamos novas bolsas de alimentação líquida e as fazíamos passar pela bomba e descer pela sonda até dentro da sua barriga. Também ministrávamos medicações pelo seu cateter PICC várias vezes ao dia, esterilizávamos o cateter, enxaguávamos com uma solução de heparina e guardávamos sob a pequena aba de tecido branco no seu braço. Nebulizávamos o álcool perílico no seu nariz com um tubo de plástico.

Não sei como você suportou todo esse aparato, Chika. Mas mesmo com tudo isso, mesmo com a sua voz tão linda reduzida a uns poucos ruídos guturais, você continuou a mesma. Inclinava um pouquinho a cabeça para me mostrar com que boneca queria dormir à noite. Dava um aceno oscilante quando falávamos por FaceTime com as crianças no Haiti. Uma vez eu estava tossindo muito, e você olhou para mim, e tia Janine falou:

– Tem que bater nas costas dele. Chika, quer bater no tio Mitch? – Eu me abaixei, e você me deu três tapinhas.

No dia do Super Bowl, eu estava sentado na sua cama zapeando por filmes à procura de um para você assistir. Fui lendo os títulos em voz alta, e você só reagiu quando cheguei ao *As aventuras de Peabody & Sherman*. Você ergueu o polegar. Então assistimos ao filme.

Em determinado momento, o cachorro Peabody se apresenta diante de um juiz para adotar seu protegido, um menino.

– Tem certeza de que o senhor é capaz de encarar *todos* os desafios de criar um humano? – pergunta o juiz.

E o cachorro responde:

– Com todo o respeito, não deve ser tão difícil assim.

Sentado aqui, Chika, decidi que não vou explicar muito em detalhes as últimas oito semanas que passamos com você. Foram semanas difíceis, penosas, tentando procedimentos médicos como últimos recursos, um respirador artificial, ventosas de borracha que usávamos nas suas costas para fazer você tossir, e um tubo de sucção que entrava pelo seu nariz e garganta para remover o muco que a impedia de respirar. Você usava um pequeno monitor no dedo para medir seu pulso e sua oxigenação, e ele passava a noite inteira piscando números vermelhos, acordando tia Janine e eu com bipes sempre que um nível subia ou descia demais. Chegou uma hora em que eu já sabia quais eram os números certos e quais eram os errados um segundo após abrir os olhos. Eu não odeio muitas coisas na vida, Chika, mas odiava aquele monitor. Era como uma contagem regressiva vermelha e brilhante da sua existência.

Mesmo assim, havia pontos positivos. Você continuava a irradiar uma força de vida que derretia os mais experientes profissionais. Uma equipe de fisioterapeutas de um lugar chamado Walk The Line começou a fazer visitas domiciliares quando você já não podia mais ir até lá, porque diziam estar "com saudades da Chika". Uma enfermeira-chefe chamada Donna, de uma empresa chamada Health Partners, aparecia sem marcar hora só para ver como você estava. Houve vezes em que eu entrei no quarto e você estava com dois amigos nossos, três parentes, um ou dois profissionais de saúde e alguém tocando ukulele. Você juntava verdadeiras multidões.

Certa noite dissemos a uma enfermeira chamada Shawn, que era alta como a sua mãe, o quanto você gostava de música de igreja. Do nada, ela perguntou se podia cantar para você.

E com todos nós reunidos à sua volta e você deitada na sua pequena cama de hospital, Shawn começou a cantar uma versão lindíssima de "His eyes is on the Sparrow".

Eu canto porque sou feliz
Eu canto porque sou livre
Seus olhos estão no pardal
E eu sei que Ele me vê.

Você observava, fascinada. E foi mesmo um momento de fascínio. Tia Janine chorou.

Seus últimos dias nos levaram até abril, quando os relógios já tinham sido ajustados ao horário de verão e o tempo já estava mais quente. Você agora havia chegado ao 23º mês. Isso é um tempo excepcionalmente longo para alguém com DIPG. Tia Janine falou que você era um milagre, e sob muitos aspectos você de fato era.

Eu ficava olhando você toda noite antes de apagar a luz, tão imóvel, tão inocente, seu rosto sem rugas desprovido de expressão. É difícil explicar quão impotente eu me sentia, Chika, incapaz de lutar ao seu lado em qualquer que fosse a batalha sendo travada dentro do seu crânio. Como você podia ser tão forte? Pensei na história de Jacó e do anjo, que passam a noite inteira lutando na beira de um rio. Muitas vezes me perguntei por que essa luta durou tanto, já que bastava ao anjo tocar o quadril de Jacó para deixá-lo aleijado.

Mas acho que foi a feroz determinação de Jacó que lhe permitiu ver a luz do dia. E foi a sua feroz determinação, Chika, que a levou até ali, ainda lutando depois de quase dois anos.

Sim, o preço foi alto. Pelo caminho perdemos sua linda voz, e seus olhos ficavam apenas parcialmente abertos, mas eu os encarava todos os dias para dizer: "Bom dia, linda." Seu corpo, que havia passado por tantas oscilações de peso, tinha recuperado o formato magro e pernalta de quando você chegara aos Estados Unidos. Você havia ganhado alguns centímetros de altura, mas sob determinados aspectos tinha voltado ao ponto de partida.

Nas horas que precederam o amanhecer do dia 6 de abril, seus índices despencaram. Os batimentos cardíacos caíram muito e sua respiração se tornou esporádica. Eu estava dormindo no chão perto do armário, porque os bipes do monitor tinham me mantido acordado, quando ouvi uma das enfermeiras particulares chamar meu nome. Levantei-me sobressaltado no escuro e gritei:

– O quê? O que foi?

– Talvez tenha chegado a hora – respondeu a enfermeira.

Tia Janine e eu nos inclinamos sobre você e acariciamos suas bochechas macias. Tentamos nos preparar. Mas quando a manhã irrompeu com uma névoa cinza, aquilo não parecia certo. Para nós, "a hora" não parecia ter chegado. Encostei a orelha no seu peito e ouvi um barulho, quase um ronco.

– Ela está lutando – falei.

– São apenas sons que as crianças fazem – disse uma das enfermeiras. – No fim.

Olhei para Janine. Ela balançou a cabeça. Senti a mesma coisa que tinha sentido naquela sala de reunião com o Dr. Garton, dois anos antes.

– Não. Ela está lutando. E se ela luta, nós lutamos.

Inclinei você para a frente, e me perdoe, Chika, se eu tiver feito a coisa errada, mas comecei a bater nas suas costas com as pequenas ventosas de borracha, como tinham me ensinado a fazer, e inseri o tubo de sucção nas suas narinas e garganta, como tinham me ensinado a fazer, e tornei a bater dizendo, vamos lá, meu amor, vamos lá, meu amor, se você quiser lutar, então lute. E com as enfermeiras olhando, pasmas, seus batimentos cardíacos se aceleraram, sua respiração aumentou, e em cinco minutos você estava de volta a uma zona segura. Tia Janine me olhou, nós dois ofegantes, e uma das enfermeiras sussurrou:

– Eu nunca vi uma coisa dessas.

E por entre as lágrimas tia Janine e eu pensamos a mesma coisa:

Mesmo assim.

O que você carrega define quem você é. Pode ser o fardo de ter de alimentar sua família, a responsabilidade de cuidar de pacientes, o bem que você precisa fazer aos outros, ou os pecados dos quais não consegue se libertar. Seja lá o que for, todos nós carregamos alguma coisa. E durante todo o tempo que você passou conosco, Chika, como você mesma disse em um tom tão desafiador, meu trabalho foi carregar você.

Meu trabalho foi, e é, carregar seus irmãos e irmãs do orfanato.

Meu trabalho, no fim das contas, depois de tantos anos sem filhos, é carregar crianças.

É o peso mais maravilhoso que existe para se carregar.

Certa noite, quando ainda consegue falar, Chika leva para a cama um ursinho de pelúcia. Um presente do hospital. Um Urso Cuidador, como eles chamam.

O quarto está escuro. Ajoelho-me ao seu lado.

– Ei, oi – sussurro para o ursinho. – Você é da Chika?

Chika põe o ursinho em frente ao rosto.

– Sou – murmura ela.

– Que ursinho mais sortudo. Eu acho a Chika uma menina realmente especial.

– Aham.

– Mas não conta pra ela. Isso fica só entre nós.

– Eu sou o ursinho dela, então preciso contar tudo pra ela – diz Chika.

– Bom, não conta pra ela o quanto eu a amo. É segredo.

– A Chika já sabe o quanto você ama ela.

– Ah, sabe? – pergunto, cético. – Quanto?

Chika pega os braços do ursinho e faz o que eu sempre faço, puxando-os em volta do corpo até eles se tocarem nas costas.

– Eeeeesse tanto.

Meus olhos ficam marejados.

– Isso mesmo – sussurro. – Esse tanto.

Você

Então.

Depois de você ter se recuperado de modo tão espetacular naquela manhã enevoada de abril, nós ligamos para todo mundo que a amava, e para todo mundo que você havia emocionado, e dissemos que, se eles quisessem vê-la, deveriam ir agora. E eles foram. Nossa, como foram. Você não adorava um desfile? Então: agora tinha o seu desfile particular, Chika, uma procissão que durou o dia inteiro formada por parentes, amigos, e pelo pequeno exército de almas que tinham sido tocadas por você. As pessoas vinham, sentavam ao seu lado, ficavam segurando suas mãos, e nós lhes contávamos os detalhes de como você tinha voltado da beira do precipício naquela manhã. E mesmo que aquela fosse a última história em meio ao milhão de histórias que já tínhamos contado sobre você, era das boas, uma história corajosa e desafiadora, igualzinha a você.

Naquela noite, todas as crianças do Haiti se reuniram depois do louvor, e nós seguramos um iPad junto ao seu ouvido enquanto cada uma delas dizia: "Boa noite, Chika", ou então "Boa noite, querida".

O dia seguinte, 7 de abril, foi uma bela manhã de primavera. E logo depois do almoço, com o sol bem alto no céu, você começou a se despedir.

Dessa vez não houve pânico, nem sobressaltos no escuro ou barulhos de ronco. Você estava deitada, com a cabeça inclinada para baixo. Uma música haitiana suave tocava ao fundo. Tia Janine ficou de um lado da cama, eu do outro, e te abraçamos do jeito que você gostava, do jeito que tínhamos feito na Alemanha quando você nos disse para nos beijarmos e sermos felizes para sempre. Alguém tinha conseguido pôr fotografias na TV e elas iam passando em silêncio, fotos felizes dos seus anos aqui, usando seus óculos de natação, brincando comigo em uma caixa de areia, tomando sorvete. Ali estava você, a poucos metros de distância, ao mesmo tempo intocável e cheia de vida. E ali estava você, a poucos centímetros de distância, mas apesar disso partindo deste mundo.

– A gente te ama, Chika – eu repetia baixinho. – A gente te ama muito...

Ficamos fazendo carinho nos seus dedos. Nos seus ombros. Nas suas bochechas, que até o fim tinham uma maciez inédita na face da Terra. Beijamos você muitas vezes. Ficamos contando suas respirações. Elas estavam muito lentas. Só cinco por minuto.

Depois quatro.

Depois três.

Tudo ficou muito quieto. Parentes e amigos foram esperar do lado de fora. Ficamos só nós três ali, emaranhados, como no acampamento macio e fofinho na cama que você tinha inventado e que tanto amava.

Por fim, com lágrimas escorrendo pelas faces, tia Janine inspirou fundo e sussurrou:

– Está tudo bem agora, Chika... Pode ir ficar com a sua mamãe lá no céu.

Ela não conseguiu mais se segurar e irrompeu em soluços, e meu coração se partiu, porque eu sabia como tinha sido difícil dizer aquilo.

E sabia que você ia escutar.

Duas respirações.

Uma.

Nós

Estou segurando a cabeça nas mãos. Meus olhos estão cansados. Tenho a sensação de que vou desmaiar.
– Acabou? – pergunta Chika.
Mal ergo os olhos.
Acabou, respondo.
– Viu? Eu disse que ia voltar.
Esfrego o rosto com as palmas das mãos.
Vem cá, meu amor, digo.
Ela se posta na minha frente. Está usando outra vez o pijama do My Little Pony, tem os cabelos cheios de tranças, e está igualzinha à primeira manhã em que acordou na nossa casa e nós fizemos ovos mexidos juntos.
Escuta, digo, engasgado. Eu sei que isso está tudo na minha cabeça. Sei que na verdade não tem como você estar aqui na minha frente. Mas já que você está, quero te dizer uma coisa.
– Tá booooom... – entoa Chika, apoiando os cotovelos nos meus joelhos e pousando o rosto nas palmas das mãos. – O que você quer dizer?
Só o seguinte: você não era minha filha. Mas para mim você foi. Eu não poderia ter te amado mais, e tia Janine não poderia ter te amado mais. E para onde quer que você tenha ido depois

de partir deste mundo, você foi para lá como parte de uma família, na verdade de várias famílias. Chika, você nos transformou em uma família. Tia Janine e eu. O que eu mais queria era ter conseguido te salvar, mesmo que o Senhor tivesse outros planos. Mas nós sentimos sua falta a cada minuto. E você nunca precisa ter medo de nós a esquecermos, porque seria impossível, seria preferível perder todas as lembranças de antes a perder as que temos de você. Chika, você partiu levando uma parte imensa de nós, a melhor parte, mas levou porque ela era sua, e espero que a carregue sempre consigo. Só queria dizer isso, para o caso de por uma fração de segundo você algum dia pensar que partiu deste mundo sozinha.

Ela franze os lábios como se estivesse pensando. Então sorri e abre os braços.

Estendo os meus, e pela primeira e única vez consigo estabelecer contato, consigo tocá-la outra vez. Puxo-a para mim, sinto seus braços em volta do meu pescoço, suas bochechas macias e seus cabelos trançados nas minhas têmporas. Aconchego-a em um abraço familiar, e ela se encaixa ali como se nunca tivesse ido embora.

Ela então recua, sorri, e puxa a camisa do pijama para cobrir a cabeça.

– Cadê a Chika? – pergunta.

Ela encosta a mão no meu peito, sobre o coração.

– Olha ela aqui!

E desaparece.

Epílogo

Medjerda Jeune, a Chika, foi sepultada no Haiti no dia 15 de abril de 2017. Muitos dos americanos que haviam sido cativados por ela pegaram um avião para participar da cerimônia, na qual também estiveram sua madrinha, seu pai, a equipe inteira do orfanato e, para nossa surpresa, seu irmão caçula e duas irmãs mais velhas. Depois da missa, um pequeno grupo foi até o lugar do jazigo, onde borboletas voejavam ao redor das árvores que protegiam aquele canto do cemitério.

Na lápide estava gravado um trecho da música que ela cantou sozinha naquela noite:

MWEN SE PITIT BONDYE
"Eu sou uma filha de Deus."

Mais tarde, de volta ao orfanato, nossas crianças se reuniram vestidas com suas melhores roupas para fazer a própria pequena cerimônia religiosa. Muitas se levantaram para declarar qual era sua coisa preferida em Chika, entre elas o fato de "ela gostar muito de comer". Depois disso nós soltamos em sua homenagem três dúzias de balões cor-de-rosa, e eles subiram pelos ares e saíram voando por cima das ruas de Port-au-Prince.

Ao percorrer o orfanato, vi seu irmão caçula, Moïse, e quase perdi o fôlego. Ele era muito parecido com ela. Estava com 3 anos, a mesma idade que Chika tinha quando veio para nós. Ofereci-lhe um abraço, e ele pulou no meu colo e me apertou com uma força que era ao mesmo tempo nova e antiga.

Mais tarde naquele dia, o responsável por ele, um tio de Chika, pediu para falar comigo. Disse que tinha pegado Moïse depois que a mãe de Chika morrera porque o menino não tinha mais para onde ir. Mas ele e a esposa tinham os próprios filhos, e o dinheiro andava curto. Ele tinha visto a estrutura da missão, os dormitórios, a cozinha, a escola.

– Seria possível vocês ficarem com o Moïse agora? – perguntou ele.

E foi o que fizemos.

Ele mora lá até hoje, assim como Mirlanda, uma das irmãs de Chika.

O mundo é um lugar incrível.

Vamos terminar com a seguinte história. Eu costumava tomar café todo dia de manhã. Chika ficava me olhando prepará-lo e, como era o seu costume, entoava:

– O que é *isso?*

– Café, Chika.

– Ah, como eu queria tomar café.

Ela passou meses pedindo. Quanto mais eu lhe dizia que criança não tomava café, mais ela queria. Um dia de manhã, por fim, cedi, e ela segurou a caneca com as duas mãos, deu um golinho de nada e falou:

– Humm!

Até hoje não sei se ela gostou mesmo ou só apreciou o fato de se sentir mais adulta.

E quando pensamos em tudo que aconteceu, é isso que mais nos atormenta. Não a luta. Não a doença. Mas sim o fato de os anos passarem e nós dizermos: "Chika estaria com 8 anos", ou "Chika estaria com 9 anos", ou um dia "Chika agora estaria na faculdade, tomando café". O que lamentamos não é o tempo que ela passou lutando. É o fato de ela não ter podido crescer. O tempo que ela não teve. O futuro que nunca viu. Isso ainda parece muito injusto.

Mas nenhum de nós tem certeza do amanhã. O que tem impacto é aquilo que fazemos hoje. Chika preencheu cada dia. Ela os devorou. Viveu a vida ao máximo. E sempre, sempre afetava as pessoas, na maioria das vezes fazendo-as sorrir.

Volta e meia me perguntam o que aprendi com essa experiência. Foi o que tentei explicar nestas páginas. Mas posso dizer apenas uma coisa, acima de todo o resto. Famílias são como obras de arte: elas podem ser feitas a partir de muitos materiais. Às vezes vêm do nascimento, às vezes são reunidas, às vezes são apenas uma questão de tempo e circunstâncias, como ovos sendo mexidos em uma cozinha em Michigan.

Mas independentemente de como uma família se cria, e independentemente de como ela se desfaz, uma coisa é verdade e sempre será: não se pode perder um filho. E nós não perdemos uma filha. Nós ganhamos.

E ela era maravilhosa.

Agradecimentos

Sete anos é uma vida curta demais, mas longa o suficiente para ter cativado e sido cativada por muitas outras. Eu gostaria de citar aqui todos que fizeram parte da breve, porém inspiradora, estada de Chika na Terra.

Em primeiro lugar, os que cuidaram dela na saúde. Toda a nossa equipe no Orfanato Have Faith Haiti: as babás, professoras e assistentes; nossos diretores haitianos, Alain e Yonel; e nossos diretores americanos: Jeff e Patty, Jennifer e Jeremiah, Anachemy e Gina. Sua dedicação a Chika, e a todas as nossas crianças, é mais do que inspiradora.

Herzulia Desamour, a madrinha de Chika, levou-a para sua casa quando a mãe de Chika morreu. Rolande St. Lot a encaminhou até nós. E seus mais de quarenta irmãos e irmãs do orfanato deram a Chika alguém para amar e com quem brincar em cada minuto que ela passou ali.

Uma vez iniciada sua batalha contra o DIPG, a lista aumentou. Uma vida toca muitas outras. Sem nenhuma ordem específica, obrigado a todas as seguintes pessoas que ajudaram ao longo do caminho:

A incrível equipe do Hospital Pediátrico C. S. Mott em Ann Arbor, Michigan, que envolveu Chika como a luz alegre de um farol e ajudou a aliviar o imenso custo dos seus tratamentos: Dr. Pat Robertson, Dr. Carl Koschmann, Dr. Hugh Garton e Dr. Greg Thompson conheceram Chika por dentro e por fora, e os inúmeros médicos, enfermeiros e membros de equipes de apoio sempre a fizeram se sentir especial durante suas estadas no hospital. Não é à toa que há um Superman no seu lobby.

Os mesmos agradecimentos são devidos ao Hospital Beaumont em Royal Oak, Michigan, e a sua incrível equipe de radiologia chefiada pelo Dr. Peter Chen. O pessoal de lá mandava Chika para casa com mais brinquedos do que um Walmart, e a deixava tocar a campainha quando seu tratamento acabava. Ela abraçou cada um de vocês.

A equipe do Memorial Sloan Kettering, em Nova York, sob a obstinada inspiração do Dr. Souweidane, merece gratidão. Esperamos que as informações aprendidas com Chika possam beneficiar outros pacientes que tentarem a técnica de CED.

E na Alemanha, um imenso obrigado ao Dr. Van Gool e à inteligente e gentil equipe da IOZK, em Colônia. Chika foi muito feliz durante o período que passou lá. Acho que ela pressentia que vocês estão no caminho certo com a imunologia. E à família e à memória da pequena Gianna, que por um curto período foi a amiga de Chika na Europa.

Agradecimentos especiais a Tammi, Jason e Lloyd Carr, que pegaram sua tristeza e a transformaram em ações inspiradoras com a Fundação Chad Tough. Vocês fizeram por nós o que tentamos fazer por outros que estão escalando a montanha do DIPG. Algum dia, graças a gente como vocês, alguém vai chegar ao topo.

Nossa gratidão eterna às muitas outras organizações que acolheram Chika: Walk the Line to SCI Recovery (Erica, Ira e as equipes que foram à nossa casa); Health Partners, Inc. (John Prosser, Donna e as incríveis enfermeiras que vinham depois da meia-noite); todo o pessoal da Hospice of Michigan, e o Dr.

Ken Pituch e equipe de Ann Arbor; Born Yoga, em Birmingham, Michigan (obrigado, Ashley, por deixar Chika voar); e nossa própria equipe médica que atendia em casa formada por Judy, Jill, Susie, Mary e a "Dra." Michelle. A Julie Ford, por nos ensinar sobre cateteres PICC; a Greg Holmes e Katherine Roth, por seu imenso conhecimento em nutrição; ao Dr. Hunt, pelos dentes de Chika; e a Kevin e Cindy, por aquela cadeirinha especial.

E há os "amigos" de Chika. A idade não significava nada para ela, apenas o amor e a atenção. Por terem compartilhado essas duas coisas tão generosamente com nossa menininha, profundos agradecimentos, mais uma vez sem ordem específica, a Frank (que a levou a todo lugar); Kim e Walid (que a levaram a todos os outros lugares); Nicole M. (baba... ga-*nush!*); Dianne (sua admirada professora); Dra. Val e Rick (suas visitas caninas preferidas); Marina, Rudy e Chris (seus anfitriões belgas); Antonietta (sua anfitriã em Colônia); Margareth, a família Alley e "vovó" Peggy; o "Pastor Jumento", Jordan, Lyn, Carmella, Catherine (natação); Connie e Linda (que tantas vezes impediram a casa e nós de desabarmos); Dr. Chad Audi e família, Rosemary, Margie M., Terrie e Doug, Monica e Heath, Vito, Sandy, Taki, Yuki, Tomoko e Kaz, Perry G., Mike e Trish ("Silêncio!"), Della, Sara Werr, LaKema C.; e, claro, sempre, nossa amorosa família estendida formada por Cara, minha incansável e genial irmã, que sempre garantiu as aulas de Chika; meu irmão Peter, que fazia Chika rir; Kathy, Tricia e "Papa" Rick, Greg, Anne-Marie e filhos (todos sabemos o que ela sentia por Aidan); Johnny S. e todos os nossos muitos sobrinhos e sobrinhas que a conheceram: Jesse e Marlee, Gabriel, Laura Beth, Nicole S., Johnny, Daniel, Michael e Lindsay, (pequena) Janine, Anton e filhas, Devon e Steven, Alex, David e Jenny, Paul, Joey e Josh.

Nossa família virou a família dela, e isso a fez muito feliz.

Meu trabalho também se misturou muito profundamente ao mundo de Chika, graças a "tio Marc" Rosenthal, "tio Mark"

Mendelsohn (ela nunca chamou você de vagabundo), Kerri (pelas infindáveis transcrições), Jo-Ann, Vince, Antonella, minha equipe no rádio, Jean Yee e Lisa Goich (por encherem Chika de afeto a distância), e o pessoal do meu mundo editorial, que demonstrou enorme paciência quando preteri o trabalho para passar mais tempo com Chika.

Este livro, por sua vez, não aconteceria sem David Black, que passou décadas tentando me dizer que eu seria um bom pai, e sua maravilhosa equipe na Black, Inc.: Susan Raihofer, Matt Belford e Skyler Addison. Minha editora, Karen Rinaldi, lutou comigo como Jacó lutou com o anjo, mas apenas para conseguir a melhor versão possível desta história no papel, e eu lhe agradeço muito por isso. O resto do pessoal bacana da Harper tem meus humildes agradecimentos: Jonathan Burnham, Leah Wasielewski, Stephanie Cooper, Doug Jones, Leslie Cohen, Tina Andreadis, Emily VanDerwerken, Jacqui Daniels, Rebecca Raskin, Hannah Robinson, Milan Bozic, Leah Carlson-Stanisic, John Jusino, Michael Siebert e os muitos outros que ajudaram a conduzir meu livro até o lançamento.

Desejo agradecer a todos os nossos amigos, colegas e médicos que não estão listados aqui nominalmente, porque cada pessoa que te dá forças em uma jornada como essa, nem que seja por um único dia, se torna uma pequena parte da história.

Por fim, há a maior parte de todas: Janine. Durante o ano que passei escrevendo este livro, ela me escutou ler as páginas em voz alta, e foi difícil, triste, emocionante e empolgante, igualzinho a ter uma criança muito amada, mas doente.

Esta história só é minha porque foi também dela.

Chika. Janine. Eu.

Nós.

MITCH ALBOM
Detroit, Michigan
Agosto de 2019

Sobre o autor

Mitch Albom é autor de nove obras de ficção e não ficção. Assinou diversos best-sellers do *The New York Times*, entre eles *A última grande lição*, o livro de memórias mais vendido de todos os tempos. Juntos, seus livros venderam mais de 40 milhões de exemplares mundo afora, e foram traduzidos para 47 idiomas em 49 territórios. Albom também escreveu filmes premiados para a TV, peças de teatro produzidas internacionalmente, um musical, e durante trinta anos assinou uma coluna em um jornal sindical. Foi escolhido melhor colunista esportivo dos Estados Unidos pela Associated Press Sport Editors treze vezes ao longo da carreira. Em 2006, Albom fundou a SAY Detroit, que hoje supervisiona nove instituições de caridade na área metropolitana de Detroit, e em 2010 começou a administrar o Orfanato Have Faith Haiti em Port-au-Prince, ao qual faz visitas mensais. Ele e sua esposa Janine moram em Michigan.

Todos os direitos autorais deste livro serão revertidos para o Orfanato Have Faith Haiti.

CONHEÇA TODOS OS TÍTULOS DE MITCH ALBOM

Ficção

As cinco pessoas que você encontra no céu
A próxima pessoa que você encontra no céu
As cordas mágicas
O primeiro telefonema do céu
O guardião do tempo
Por mais um dia

Não ficção

A última grande lição
Tenha um pouco de fé
Um milagre chamado Chika

Para saber mais sobre os títulos e autores da Editora Sextante,
visite o nosso site e siga as nossas redes sociais.
Além de informações sobre os próximos lançamentos,
você terá acesso a conteúdos exclusivos
e poderá participar de promoções e sorteios.

sextante.com.br